ARGUMENTOS ANTISSOCIALISTAS

Os *links* para *sites* da *web* fornecidos neste livro foram todos testados, e seu funcionamento foi comprovado no momento da publicação do material. No entanto, a rede é extremamente dinâmica; suas páginas estão constantemente mudando de local e conteúdo. Aos leitores do *e-book*, se ao clicar no *link* o mesmo não abrir, por favor, copie e cole em seu navegador.

CIP-BRASIL. CATALOGAÇÃO NA PUBLICAÇÃO
SINDICATO NACIONAL DOS EDITORES DE LIVROS, RJ

R991a   Rypl, Francisco Sávio
            Argumentos antissocialistas / Francisco Sávio Rypl. –
       1. ed. – Porto Alegre [RS] : AGE, 2025.
          200 p. ; 14x21 cm.

          ISBN 978-65-5863-325-9
          ISBN E-BOOK 978-65-5863-324-2

          1. Ciência política – Brasil. 2. Estado. 3. Filosofia política.
    I. Título.

          24-94205   CDD: 320
                                      CDU: 32

Gabriela Faray Ferreira Lopes – Bibliotecária – CRB-7/6643

Francisco Sávio Rypl

ARGUMENTOS ANTISSOCIALISTAS

PORTO ALEGRE, 2025

© Francisco Sávio Rypl, 2025

Capa:
Mirella Schultz

Imagens:
Fornecidas pelo autor

Diagramação:
Júlia Seixas

Supervisão editorial:
Paulo Flávio Ledur

Editoração eletrônica:
Ledur Serviços Editoriais Ltda.

Reservados todos os direitos de publicação à
EDITORA AGE
editoraage@editoraage.com.br
Rua Valparaíso, 285 – Bairro Jardim Botânico
90690-300 – Porto Alegre, RS, Brasil
Fone: (51) 3223-9385 | Whats: (51) 99151-0311
vendas@editoraage.com.br
www.editoraage.com.br

Impresso no Brasil / Printed in Brazil

SUMÁRIO

Introdução 7

O início.. 11

Como surgiram os governos e o Estado.............................40

Riqueza e pobreza 47

Os pessimistas...64

Egoísmo ou altruísmo?.......................................69

O marxismo...77

As previsões marxistas pelo jornal *Granma,* de Cuba 103

A democracia... 147

1964... 156

Liberalismo – uma escada econômica.. 179

O paradoxo do individualismo...................................... 188

Referências..200

INTRODUÇÃO

Tudo que escrevi neste livro não são só coisas da minha cabeça, do meu raciocínio lógico, da minha percepção da realidade humana e da minha experiência de vida. Me ancorei nas ideias de autores consagrados, como os grandes liberais Mises, Hayek, Friedmann, Smith e tantos outros para fazer o contraponto ao Marx, Engels e outros economistas intervencionistas. O interessante é perceber que as ideias dos socialistas e comunistas já estão disseminadas na sociedade, o que não ocorre em relação aos seus opositores liberais capitalistas. Aqueles que se acham mais intelectualizados são os que nos transmitem Marx o tempo todo. Os meios de comunicação tradicionais, como as emissoras de rádio, canais de televisão, a imprensa escrita, as universidades, as editoras de livros e revistas, os sindicatos, as ONGs que dependem do governo, os artistas (bem remunerados pelos governos de esquerda) e os *intelectuais* são os mensageiros do marxismo cultural, que são as ideias marxistas disseminadas de forma subliminar, ainda que também de forma explícita. Eles atacam por todos os flancos. As ideias da esquerda são mais simpáticas, não exigem esforço nem sacrifício de ninguém; basta arrancar o dinheiro dos ricaços, e tudo será uma maravilha. A maioria dos esquerdistas que alcançam o poder são muito competentes na arte de representar. Eles têm o dom do ilusionismo e a cara de pau dos malandros. E assim ficou difícil fazer os jovens, que são o futuro da nação, encontrarem as ideias dos autores liberais. Só um lado é apresentado nas escolas e universidades: o lado esquerdo. O lado daqueles que execram os empresários, que os consideram opressores e culpados pelas mazelas do mundo.

É mais inteligente não se acreditar em pessoas cegamente. É prudente analisar as ideias não pelas suas intenções, mas pelos resultados que elas poderão produzir. As ideias da esquerda, aparentemente, são cheias de *boas intenções*, mas sempre conduzem a maus resultados. Usar o próprio cérebro, a razão e o raciocínio lógico é um bom começo para ter condições de reconhecer as melhores ideias, aquelas que vão promover o bem-estar para um número cada vez maior de pessoas.

Este livro não é para converter o marxista religioso. Este sofre de uma doença incurável e só um milagre o fará mudar de ideia. Apesar de que os milagres acontecem. Este livro é para aqueles que acreditam que o marxismo é uma coisa superada, que o socialismo/comunismo já não representa nenhum perigo à nossa liberdade. Porque é muito fácil convencer as pessoas de boa-fé a acreditarem em ideias aparentemente boas nas intenções, mas que na realidade produzem resultados indesejáveis. Os golpistas não convencem os incautos a comprarem seus bilhetes premiados? A esquerda tem um vendedor desses bilhetes ideológicos em cada esquina, e é muito competente nisso. O comunismo não morreu. Vou mostrar como os seus agentes estão agindo na sociedade atual, despercebido por uma multidão de ingênuos e distraídos. Se você não gostou desta introdução e achou a ideia absurda, pare com a leitura. Você é um caso perdido. Mas, se consegui colocar uma pulga atrás da sua orelha, você vai se surpreender; continue a leitura.

Acredito que as pessoas que compreendem o funcionamento dos mecanismos do sistema de Livre Mercado não compram as ideias da esquerda. Tudo que a esquerda faz é para iludir a população e sabotar o funcionamento desse sistema, que é o único que, conforme demonstrado em várias situações mundo afora, e que será mostrado aqui também com dados que são fatos reais, verdadeiramente, tira as pessoas da pobreza quando os governos permitem o seu funcionamento. Mas, a esquerda é muito criativa e competente em mentir e ludibriar as pessoas. É uma minoria organizada que vem aumentando o seu poder sobre a maioria desorganizada, sobre a massa de eleitores semianalfabetos, gradativa e consistentemente, no decorrer do tempo. É o gramscismo, ou seja, é o marxismo cultural.

Mesmo que o sistema socialista fosse um sucesso econômico, eu seria contra porque ele é coercitivo, é violento, é imoral. Ele tira o direito sagrado do indivíduo fazer o que bem entender da sua vida. O primeiro e mais importante direito do indivíduo é o direito à vida, o segundo mais importante é o direito à liberdade e o terceiro é o direito à propriedade. Esses são os primeiros direitos humanos que o socialismo/comunismo sonega ao indivíduo que quer ser livre.

Neste livro há também muito da minha experiência pessoal vivida ao longo dos meus quase 70 anos. Tive uma vida muito pobre na infância e adolescência. Aquela conversa de que "esse cara defende o liberalismo porque nasceu em berço de ouro" não funciona comigo. Trabalhei ajudando meus pais no sítio e na roça desde que me conheço por gente até os 18, 19 anos de idade. As minhas roupas eram todas de segunda mão, herdadas de parentes que tinham melhores condições financeiras. Conheço bem as agruras da pobreza e as dificuldades de vencer as grandes barreiras que existem em nosso caminho, principalmente num país que tanto desrespeita a livre iniciativa como é o caso do Brasil. Já tenho mais de 55 anos de trabalho e continuo trabalhando. Trabalhar não mata. Apesar de não ter ficado rico, moro em uma casa confortável, tenho bons carros, e viajei para alguns países interessantes. Posso dizer que venci na vida.

Religião e política não se discutem, dizem. Mas, há duas maneiras de melhorar o mundo em que vivemos. A primeira é pela fé religiosa. É difícil pessoas religiosas, não fanáticas, causarem mal às outras pessoas. Aliás, o objetivo das religiões é tornar as pessoas melhores. E os religiosos devem ser naturalmente antimarxistas, dado que a doutrina marxista visa a eliminação das famílias e das religiões. Portanto, a religião, além de ser um direito natural do indivíduo, ajuda a melhorar o mundo com pessoas melhores. A segunda maneira de melhorar o mundo se dá pelo uso da razão e do raciocínio lógico com liberdade, aplicando a teoria econômica liberal e comparando os resultados dos experimentos econômicos já realizados em diversos países mundo afora. Onde há liberdade o país prospera, onde não há, se degenera. Com pessoas melhores, ética e moralmente, e que possam usar os seus dons empreendedores com liberdade, a tendência é que o mundo melhore muito para todos.

Portanto, religião e política se discute, sim! Em um ambiente liberal cada um pode seguir a religião que quiser sem prejuízo a ninguém. Religião é uma questão de fé. Já a política está relacionada às políticas econômicas. Dependendo das políticas econômicas adotadas pelo governo, teremos maior ou menor qualidade de vida, maior ou menor número de empreendedores se arriscando a montar negócios, maior ou menor desenvolvimento, maior ou menor número de empregos, maior ou menor índice de crimes, maior ou menor número de conflitos, maior ou menor liberdade de ação, maior ou menor riqueza para todos. Aqui neste panfleto vou me debruçar sobre a política e a economia.

Meu interesse aqui é fazer com que as pessoas entendam como tudo começou neste mundo, desde o seu início. Tudo que está aí a nossa disposição é fruto da inteligência humana descentralizada, usando a sua liberdade para agir. Cada cérebro da multidão é uma usina de ideias, e onde não há liberdade a mente humana é impedida de trabalhar para melhorar o mundo.

Escrevi tentando colocar a verdade de maneira sincera e honesta neste livro em relação a convivência humana, mas talvez ainda falte alguma coisa. Porque a verdade pode estar escondida em algum conceito que ainda não descobri. Mas, ela certamente não está na repressão política, não está na maioria dos políticos, não está no intervencionismo econômico, não está no controle estatal coletivista, nem em qualquer forma de supressão da liberdade.

O INÍCIO

Nós não estivemos aqui neste mundo desde sempre. Houve um tempo em que nada existia. Nem as florestas, nem os rios, nem os mares, nem os animais e nem nós. O mundo era inóspito. Desde o início, quando o mundo ainda era uma bola de fogo, até agora, se passaram milhões de anos. E a vida, nos seus primórdios, era um verdadeiro inferno. Apenas 100 anos atrás a vida ainda era muito dura, imagina há 500 anos, há 1.000 anos, há 10.000 anos ou mais. E você e eu temos muita sorte por vivermos nos tempos atuais. Há menos de 100 anos não havia antibióticos, há menos de 200 anos não havia anestesia, há pouco mais de 100 anos não havia remédio para dor de cabeça, dor de dente, febre. Seus avós e bisavós provavelmente viveram nessa época. As pessoas morriam de tuberculose, lepra, coqueluche, sífilis, gonorreia, pneumonia, difteria, peste bubônica ou qualquer infecção por bactérias em uma relação sexual aleatória ou com algum ferimento, principalmente em guerras. O primeiro antibiótico eficiente foi a penicilina, descoberta em 1928, por acaso (não exatamente por acaso porque ele fazia pesquisas com bactérias), pelo médico e cientista escocês Alexander Fleming. Mas o medicamento só pôde começar a ser usado pela população depois de 1940, quando foi viabilizada a sua fabricação e comercialização em grande escala para uso da população. Desde então, muitos tipos de antibióticos foram inventados e chegou-se a cura de praticamente todas as doenças infecciosas. Em comparação à um ou dois séculos atrás, vivemos uma época maravilhosa, mas a maioria das pessoas não sabe disso, acha que o mundo sempre foi assim como é hoje. A conquista da liberdade e consequente relativa qualidade de vida de que desfrutamos hoje foi com muito sacrifício e teve muitos heróis. E o mundo evoluí não por causa dos governos, mas apesar deles.

A única coisa que os reis, sultões e imperadores tinham que as pessoas comuns hoje em dia não têm é o poder sobre outras pessoas e capacidade de comandá-las. Eles tinham vastos palácios construídos por escravos ou financiados por impostos, mas não tinham calefação ou refrigeração; tinham escravos e servos, mas não máquinas de lavar roupa ou louça; exércitos e mensageiros, mas não os telefones celulares ou Wi-Fi; os médicos e magos da corte, mas nenhum anestésico para aliviar sua dor ou antibióticos para curar infecções. Eles eram poderosos, mas absolutamente miseráveis pelos nossos padrões atuais. (*A Moralidade do Capitalismo,* Tom G. Palmer, *e-book,* p.8.)

Vídeo sobre a formação do planeta Terra em:
https://www.youtube.com/watch?v=AVwsDQgAJzU

Esta história é para podermos compreender melhor o mundo em que vivemos e quais os mecanismos econômicos que foram usados para chegarmos até o nível de desenvolvimento, de conforto e de facilidades que estamos desfrutando atualmente, dado que a vida nem sempre foi essa maravilha que vivemos hoje, em termos tecnológicos, claro, porque o mundo ainda continua muito perigoso e injusto. E nem em todos os lugares as pessoas vivem uma vida tranquila. Há países em que o povo é escravo de governos totalitários, não podendo nem criar umas galinhas e nem plantar uns pés de hortaliças. Tudo que produzem nesses países está sob as ordens e controle do governo que distribui as escassas mercadorias de acordo com seus critérios burocráticos e não obedecendo às leis de mercado, como é o caso de Cuba, Coreia do Norte, Nicarágua e mais alguns. E há também um número grande de países em que, apesar de seus povos não serem totalmente escravizados, há muita interferência dos governos nas atividades econômicas, como é o caso do Brasil. Poucos são os países onde a liberdade é mais respeitada. Esses são os países onde a população vive em um padrão de vida mais elevado e que também estão sempre na frente em termos tecnológicos e em qualidade de vida. Os exemplos podem ser Coreia do Sul, Singapura, Estados Unidos, entre outros. Chama a atenção Hong Kong, uma Região Administrativa Especial da China que abriga cerca de 7 milhões de habitantes em pouco mais de 1.000 km² de área territorial.

> Haveria país fadado a maior pobreza do que Hong Kong? Não tem nada, são rochas, uma ilha rochosa sem sequer água. Hoje Hong Kong tem uma renda por habitante superior à da Inglaterra, a potência imperialista metropolitana que colonizou Hong Kong. O que é que provocou o crescimento? Mercado, liberdade competitiva no mercado. O mercado é o maior criador de riquezas. O respeito ao criador de riqueza é o começo da solução da pobreza." (Roberto Campos)[1]

Hong Kong.

---

[1] https://genteseguradora.com.br/roberto-campos-sobre-a-pobreza/

Cuba.

Esta história que quero sintetizar aqui é para facilitar o entendimento do quanto de sacrifício foi necessário pelos nossos antepassados, durante a nossa longa história neste planeta, inclusive com as próprias vidas, para chegarmos ao nível tecnológico e de conforto em que nos encontramos. Vamos fazer uma viagem ao passado, ao tempo em que não havia casa, *smartphone*, TV, carro, remédio, carroça, arado, o fogo, ou mesmo a roda. Ao tempo em que nem um facão ou um martelo existia. Nesse tempo a vida foi, verdadeiramente, dura.

Então, como deve ter sido a vida dos humanos há milhares de anos antes da civilização, no seu início, e como chegamos até aqui? As especulações que apresentarei aqui neste início não pretendem ter grande fidelidade com os fatos e com a cronologia da Pré-História e da História. Mesmo porque nem entre os historiadores há consenso. São meras conjecturas, ainda que possam estar bem próximas da realidade.

Podemos imaginar uma era de um mundo embrionário onde aqueles hominídeos nada sabiam sobre si mesmos, sobre os outros e sobre as possíveis relações interpessoais e sociais e que não possuíam nada de conhecimento acumulado, em comparação a tudo o que sabemos hoje. Esse ser primitivo ainda estaria mal agasalhado e com fome, que é a condição inicial do ser humano neste planeta, pois ainda só vivia em função de arranjar alimentos e se proteger do frio. Especula-se que a ocupação desse indivíduo seria conseguir alimento para sobreviver mais um dia e alguma caverna para se agasalhar. Nessa fase inicial da aventura humana na Terra (Pré-História), sem nenhum tipo de cooperação social, cada indivíduo tinha de conquistar o seu próprio alimento, a sua própria sobrevivência. O indivíduo passava o dia inteiro coletando frutas e correndo atrás de animais, para sustentar a si próprio e, bem possível, um pequeno grupo familiar. Não havia governos, não havia Estado, não havia leis, não havia hierarquia, não havia impostos, não havia segurança. O ser humano era plenamente livre, estava totalmente exposto aos perigos da natureza e era totalmente responsável por si mesmo.

Neandertais por Charles R. Knight.
Fonte: https://pt.wikipedia.org/wiki/Homem_das_cavernas

Se olharmos para a natureza, hoje, podemos enxergar aquele homem primata vivendo como um macaco-prego da selva brasileira, ou seja, vivia apenas em função de alimentação e reprodução. Arranjar comida, dormir e fazer sexo (quando possível). A rigor, para um ser humano sobreviver, mesmo hoje, assim como um macaco, não precisa mais do que alimento e agasalho. Tudo o mais que foi surgindo, ao passar dos milênios para tornar a vida mais prática, mais produtiva, mais confortável, e mais agradável são acessórios criados pela engenhosidade humana, ao se diferenciar dos outros animais, aumentando a sua **produtividade**.

As primeiras ferramentas inventadas pelos humanos remontam a idade da pedra, que vai de 2,6 milhões de anos atrás até 12 mil anos atrás. Eram ferramentas de pedra lascada que no período seguinte passaram a ser de pedra polida. Na idade da pedra o homem ainda havia evoluído muito pouco. O ser humano estava em uma fase de desenvolvimento em que até algumas espécies de macacos já alcançaram atualmente. As ferramentas mais utilizadas pelos macacos de hoje para conseguir alimentos são as pedras usadas para quebrar frutas duras e cocos. Há também as varetas que são fabricadas por eles próprios e usadas para retirar lagartas das tocas e outros animais pequenos das reentrâncias das rochas. Interessante que o aprendizado vai passando para os macacos mais novos, e assim o conhecimento acumulado vai passando de geração em geração, e a cada geração as técnicas vão se aprimorando e se incorporando à cultura da espécie. Vamos supor que hoje a espécie humana fosse varrida da Terra. Nesse caso, provavelmente, os macacos atuais trilhariam a mesma evolução ocorrida com o homem. Em quanto tempo isso ocorreria é difícil de saber. Isso se for verdade que o ser humano evoluiu do macaco. Porque ele também pode ter sido uma criação divina. Há teorias também de que somos descendentes de extraterrestres. Mas isso não vem ao caso. De qualquer maneira evoluímos a partir de algum ponto e, continuamos evoluindo. Veja o vídeo que mostra a habilidade dos macacos no *link* a seguir.

 https://www.youtube.com/watch?v=VpRW7L-6KVk

Isso que o macaco-prego da figura abaixo está fazendo é o que um humano fazia há milhões de anos, e que deve ter favorecido o início do aumento do tamanho do seu cérebro e o desenvolvimento da inteligência. Os cientistas são unânimes em afirmar que o exercício cerebral promove a geração de novos neurônios e o aumento do cérebro.

Macaco-prego quebrando nozes usando uma pedra como martelo e outra maior como bigorna no Nordeste do Brasil (Foto: Tiago Falótico/CONICET).
Fonte: https://revistagalileu.globo.com/ciencia/arqueologia/noticia/2023/01/ferramentas-de-
-pedra-no-piaui-foram-feitas-por-macacos-prego-sugere-estudo.ghtml

Ferramentas de pedra lascada.
Fonte: https://escolakids.uol.com.br/historia/periodo-paleolitico.htm

O salto gigantesco que deve ter ocorrido na lenta evolução, que não se sabe exatamente quando foi, é quando o homem se destaca dos outros animais, deixa de ser apenas um caçador e coletor de frutas e começa a cooperar entre si, não por instinto como nas colmeias, manadas ou matilhas, mas, conscientemente, onde uns se dedicam e se especializam em um tipo de atividade e outros em outras atividades para em seguida trocarem o resultado do seu trabalho, **voluntariamente**, uns com os outros, o que veio a ser identificado por Adam Smith, talvez milhares de anos depois, como a *Divisão do Trabalho*.

Quando o primeiro homem foi além daquilo que a natureza lhe dava gratuitamente e cultivou as primeiras sementes de feijão na terra, ele produziu um excedente em relação a sua própria necessidade de alimentos. Algo inédito. Surgiu o primeiro empreendedor da história. Passou a produzir não apenas para o consumo próprio, mas também podia trocar a sobra por outro produto com alguém que também tivesse um excedente de outro produto. Arroz, por exemplo. Fico imaginando quantos milhares de anos devem ter se passado para que o primeiro empreendedor encontrasse o segundo empreendedor e conseguisse convencê-lo de que poderiam fazer negócios. Talvez o primeiro empreendedor não tenha tido sucesso por falta de clientes e fornecedores, o que é bem provável. Ideias disruptivas geralmente não são bem aceitas ou entendidas pelos contemporâneos. Mesmo nos tempos modernos alguns inventores tiveram grandes dificuldades em viabilizar os seus inventos, as suas ideias. Quando Alexander Graham Bell inventou o telefone em 1877, não conseguiu vender a patente porque os empresários não entenderam a dimensão da importância do invento.

> Uma vez estabelecido o telefone, Bell tentou vender a patente à Western Union, mas ouviu deles que o aparelho era apenas um brinquedo inútil. Então, em 1877, o escocês fundou a Bell Telephone Company. (*Revista Superinteressante*)[2]

---

[2] https://super.abril.com.br/historia/alexander-graham-bell/

O bicho humano tem um lado conservador, mas aí vem o empreendedor, aquele que não se acomoda, que é inquieto, que é curioso, que é ousado, que é mais corajoso, que inventa moda, e impõe a inovação que depois de algum tempo é aceita e incorporada ao dia a dia. São essas pessoas que ditam o rumo e a velocidade do progresso humano, desde que haja liberdade de ação. E as que os seguem vão se beneficiando das suas vitórias.

Enfim, ao sair do modelo caçador/coletor para o modelo empreendedor o homem produzia com baixa **produtividade**, pois ainda não havia inventado boas técnicas e boas ferramentas. Observe que um deles produzia, supostamente, feijão, e o outro, arroz, para além dos seus próprios consumos, então poderiam trocar entre si as suas sobras. Teve início, então, o funcionamento do sistema de Livre Mercado, que nasce junto com as primeiras inter-relações humanas, pois o Livre Mercado não foi inventado por ninguém, sendo ele uma cooperação espontânea própria da natureza humana.

> O processo de produção que nós estamos organizando e operando hoje em dia começou nos primórdios da era histórica. (*Marxismo Desmascarado,* Mises, p.87.)

E o Liberalismo é o único sistema político-econômico que possibilita a liberdade necessária para que os indivíduos possam exercer a sua criatividade e trocar livremente suas mercadorias entre si, garantido por um Estado mínimo necessário visando à segurança e à proteção à propriedade privada. A economia de um país não é como a engenharia, a arquitetura e a mecânica que precisam ser planejadas e construídas, onde cada detalhe é meticulosamente planejado por um projetista. A economia é um processo de especulação, de tentativa e erro.

> O engenheiro social trata com a estrutura social ou com seus compatriotas como o mestre de obras trata os tijolos. (*Marxismo Desmascarado*, Mises, p.82.)

Os engenheiros sociais, ou seja, os socialistas e intervencionistas tratam os seres humanos como se fossem peças que precisam ser manipuladas para que cumpram sua *função* na sociedade. Há até um termo criado por aqueles que se julgam capazes de manipular a economia: "macroeconomia". A economia não é macro, ela é micro. A Economia de Mercado não tem um projetista, pelo menos quando se trata da economia de um país inteiro. Claro que a economia de uma empresa ou de um indivíduo deve ser planejada, mas não a relação entre empresas e entre os indivíduos. Mas é isso que os macroeconomistas sempre fizeram: intervieram na relação entre os agentes econômicos.

> Um grande plano elimina os planos de todos os outros. (*Marxismo Desmascarado,* Mises, p.83.)

O problema da economia é que ela é vulnerável e comumente suas leis são atacadas e muitas vezes revogadas por economistas capturados por políticos inescrupulosos e populistas que se acham capazes de fazer melhor do que os próprios agentes econômicos. É uma ciência que pode ser estudada, mas não se pode intervir nela. Ela sempre teve suas próprias leis assim como a gravitação, os fluidos e a eletricidade têm as suas.

> Perto do fim do período Uruk aparecem tabletes de argila com marcas uniformes insculpidas neles, calculando meticulosamente estoques e lucros dos mercadores. Esses registros grosseiros, cavados na superfície de tabletes de argila, são os ancestrais da escrita – sua primeira aplicação foi a contabilidade. A mensagem desses tabletes é que o mercado veio muito antes dos outros privilégios da civilização. (Ridley, p.166)

Voltando aos nossos primeiros empreendedores pré-históricos, como se dariam essas trocas de produtos de uma maneira justa? Só poderia ocorrer desde que as duas partes concordassem. Como ainda não havia o dinheiro, os negócios eram realizados na base de trocas, fazendo o escambo, ou seja, trocar uma coisa pela outra.

O Livre Mercado é tão intuitivo que até as crianças de hoje já entenderam o seu funcionamento quando trocam figurinhas. Joãozinho troca uma figurinha que tem em duplicidade por outra que ainda não tem no seu álbum. Pedrinho faz o mesmo e ambos saem ganhando e felizes praticando o Livre Mercado infantil.

Fonte: https://sme.goiania.go.gov.br/conexaoescola/eaja/protecao-aos-povos-indigenas/

Imagine que há milhares de anos possa ter ocorrido uma interessante história com os personagens Frid e Bernay. Frid produziu 10 montes de feijão e o Bernay produziu 10 montes de arroz. Frid poderia comer só o seu feijão e Bernay só o seu arroz, mas eles resolvem trocar uma parte dos produtos porque perceberam que os dois levariam vantagem, cooperando entre si e trocam 5 montes de feijão por 5 montes de arroz, **voluntariamente**. Frid e Bernay ficam com igual quantidade de feijão e arroz, 5 montes de feijão e 5 de arroz para cada um. Então, é de se imaginar que devem ter ficado mais felizes, mais satisfeitos e melhor nutridos do que se tivessem comido só feijão ou só arroz! Cada um era especialista naquilo que produzia e com essa *divisão do trabalho*, ambos levaram vantagem na operação. Uma operação comercial livre e espontânea sempre traz vantagens às partes envolvidas.

A grande ferramenta de gerações de economistas... tem sido o axioma da utilidade decrescente. O fato de que uma dada fração do bem "a" fica sendo menos valiosa para seu dono quanto mais ele possuir do bem "a" explica perfeitamente o ganho que ambas as partes obtêm com a troca, cada uma abandonando as frações 'finais' daquilo que possui em maior quantidade a fim de ganhar as frações 'iniciais' daquilo que não possui. Dois conjuntos de bens 'a' e 'b', inicialmente possuídos cada um por uma das partes, ganham em valor pela operação de troca... (De Jouvenel, p.57)

Se antes das trocas eles tivessem, além da sua mercadoria, 10 dinheiros no bolso em duas notas de 5, aquele que tinha só feijão poderia comprar 5 montes de arroz com uma de suas notas de cinco, e aquele que só tinha arroz poderia comprar 5 montes de feijão com uma de suas duas notas de 5. Neste caso cada um deles ficaria com 5 montes de feijão, 5 montes de arroz e ainda com os seus 10 dinheiros, porque eles compraram, mas também venderam. Provavelmente um deles tenha proposto trocar a metade do seu dinheiro pela metade da mercadoria do outro e vice-versa, o que realmente ficaria muito justo. O livre e espontâneo comércio entre eles trouxe vantagens para os dois, do contrário não teriam negociado, pois quando uma das partes não fica satisfeita, o negócio não se realiza. Note que o dinheiro serviu para facilitar a troca. Se em vez de cada um ter 10 dinheiros, cada um tivesse 100 dinheiros eles gastariam 50 dinheiros, ou seja, a metade do dinheiro que tinham para comprar a metade da mercadoria um do outro. Isso significa que a quantidade de dinheiro em circulação mantém estreita relação com a quantidade de produtos existentes. Porém, se os dois tivessem uma quantidade enorme de dinheiro, digamos, dez milhões de dinheiros cada um e não existissem as mercadorias, todo esse dinheiro não teria nenhum valor. O dinheiro não possui nenhum valor intrínseco, ele é apenas a representação da quantidade de produtos reais, palpáveis e úteis que existem. O que tem valor são as mercadorias, os produtos e os serviços. Obviamente que essa comparação é com o dinheiro como conhecemos hoje, dinheiro de papel ou virtual. Porque na época em que o dinheiro era feito de metais preciosos, como moedas de ouro ou de prata, está claro que o dinheiro continha um valor intrínseco. Esse período foi na época em que os reis, faraós e imperadores eram os emissores fabricantes das moedas. As moedas poderiam ser de ouro, prata, bronze ou qualquer outro metal. Até o início do século passado as economias eram lastreadas pelo ouro. Por isso o sistema monetário era baseado no Padrão Ouro. Os governos não podiam emitir mais dinheiro do que o lastro verdadeiro em ouro existente. Mas, como sempre foi e continua sendo, os governantes sempre descobrem formas de enganar o povo. Então os reis passaram a misturar metais inferiores e que eram mais abundantes na natureza para compor as ligas das moedas com 90% de ouro e 10% de latão ou outro metal mais comum, mas considerando até na aparência, como se fossem de ouro puro, e com isso conseguiram aumentar os seus gastos com o aumento da quantidade de moedas em circulação. Pronto. Inventaram a inflação. Sim, porque a produção de ouro acompanhava mais ou menos o ritmo de produção dos outros produtos do mercado (tipo o PIB), e a coisa andava mais ou menos equilibrada em se considerando que a moeda era de ouro puro e que tinha muito mais valor intrínseco do que a prata e os outros metais. Mas, devido à colocação de mais moeda em circulação, com uma liga inferior, em um ritmo superior ao da produção de produtos do mercado, os produtos foram reajustados para um novo patamar, o que chamamos de inflação. Quando os reis, então, descobriram que poderiam manipular a moeda, o abuso foi grande. Passaram a diminuir cada vez mais a quantidade de ouro e aumentar o percentual de metais inferiores na composição da liga da moeda. Metais inferiores eram muito mais comuns, mais baratos e abundantes do que o ouro e por isso passaram a tomar o seu lugar porque permitiam aos reis gastos descontrolados. Claro que isso é a própria inflação com a consequente alta geral dos preços.

Nos tempos atuais já não se discute mais sobre quem é o responsável pela inflação. Isto é assunto encerrado. O governo é o único e direto responsável pela inflação, pois ele tem o monopólio sobre a emissão de moeda e crédito. A deflação ou a inflação impelem as pessoas a interagir economicamente de duas maneiras, psicologicamente. A deflação, que é a diminuição da quantidade de dinheiro em circulação e a consequente baixa dos preços, faz as pessoas adiarem os seus gastos, esperando que os preços vão baixar ainda mais, o que pode causar recessão por falta de demanda. A inflação, por outro lado, faz as pessoas adiantarem os seus gastos, porque a cada dia os preços são mais altos e o dinheiro está derretendo em seus bolsos, o que pode causar inadimplência futura e, posteriormente, recessão por falta de demanda. Por terem adiantado seus gastos as pessoas ficaram com menos dinheiro, sem dinheiro ou endividadas. Já a estabilidade da moeda não induz ao adiamento das compras e nem a sua antecipação, mantendo um crescimento aparentemente estabilizado e verdadeiramente sustentável. **Aparentemente** estabilizado porque o mercado não é estável. Ele encontra um ponto de equilíbrio dinâmico entre oferta e demanda, onde um lado sustenta o outro e vice-versa. Produção e demanda são vetores opostos um ao outro com tendência ao equilíbrio de preço em livre mercado sem inflação. Mas, se algum evento artificial interferir nas forças do mercado, como aumento da oferta monetária ou congelamento de preços, por exemplo, haverá o desequilíbrio e uma desorganização do mercado. São os governos com o monopólio sobre a emissão de moeda e o poder de tabelar os preços que produzem as recessões através de seus bancos centrais, mas nunca pela deflação e sempre pela inflação. Keynes é o grande responsável pela tragédia econômica mundo afora. Foi ele, com sua *Teoria Geral*, quem deu a ferramenta (falsa) de que os governantes se utilizaram para infernizar a vida dos empreendedores e causar os bolsões de miséria que se veem em todos os países que carregam o rótulo de capitalistas, mas, na realidade, são dominados pelas teorias intervencionista keynesiana e revolucionária marxista. Por isso o padrão ouro é mais recomendável, e impede a ação dos infames, arrogantes, e irresponsáveis engenheiros sociais criadores de PACs (programas de aceleração do crescimento), esses que pretendem construir edifícios começando pela cobertura.

Com o papel-moeda ficou muito mais fácil falsificar o valor do dinheiro, nos tempos mais recentes, e o Lula quer fazer isso hoje. Não só o Lula. Há outros políticos no Brasil, com tendências esquerdistas, que alardeiam ter a solução para o problema da pobreza: dizem que basta imprimir dinheiro de papel e distribuir entre a população. Percebe-se que esses políticos ou são carentes de inteligência ou pretendem iludir aqueles de quem querem conquistar os votos para depois governá-los, dominá-los e mantê-los dependentes, porque uma ação dessas vai produzir o caos econômico e aumentar a pobreza geral. Se o governo der dinheiro para quem não produziu nada, estará cometendo uma injustiça com quem produziu. E quem produziu perceberá que não precisa produzir alguma coisa para ganhar dinheiro. E estará montado o mecanismo de destruição das atividades produtivas e consequente empobrecimento da população. E isso está ocorrendo cada vez com mais intensidade no Brasil de hoje, assim como também em outros países. Há uma concorrência maldita entre os políticos para ver quem promete mais coisas grátis, em épocas de eleições, à população insciente. Isso é uma armadilha usada pelos demagogos, de difícil saída, porque os políticos sérios não podem prometer coisas grátis sem trair os seus princípios e conduzir a população a uma pobreza ainda maior. O que ocorre é que os políticos sérios têm chances muito menores de se eleger. Quem se elege, em sua maioria, são os demagogos que atrasam o país, mantêm uma legião de dependentes das migalhas do governo, mas que garantem as eleições de mais e mais demagogos. É um círculo vicioso.

Voltando aos nossos personagens, se Frid aumentar a produção para 20 montes de feijão e Bernay permanecer com a produção nos mesmos 10 montes de arroz, quando levarem os seus produtos ao *mercado* para trocar, eles olham para os montes de alimentos e entram no seguinte acordo: Bernay diz para Frid que a troca justa seria trocar a metade do que ele tem pela metade do que o Frid tem.

Então Frid fica com 10 montes de feijão e 5 montes de arroz e o Bernay também com 10 montes de feijão e cinco de arroz. Note que 5 montes de arroz foram trocados por 10 montes de feijão, isto é, o arroz é mais valioso, por ser mais escasso neste momento, e 1 monte de arroz vale por 2 montes de feijão. É como se eles juntassem os 20 montes de feijão do Frid com os 10 montes de arroz do Bernay em apenas um monte maior bem misturado e em seguida dividissem o grande monte de alimentos em duas partes, metade para cada um. Claro que essas trocas seriam voluntárias e conscientes. Qual paladino da justiça não concordaria com essa divisão? Pois é isso que ocorre no Livre Mercado, nas centilhões de operações realizadas todos os dias mundo afora. Qual outra fórmula de divisão justa poderia ser utilizada nesse caso? Não há outra fórmula mais justa. Por isso podemos afirmar com segurança: ser contra o Livre Mercado é ser contra a justiça. Em seguida cada um poderia organizar novamente o seu grande monte de alimentos em montes de feijão e de arroz, separadamente. Mas, alguém poderá arguir aqui que o Bernay poderá produzir somente 2 montes de arroz na próxima vez, com vistas a levar vantagem sobre Frid, que produz 20 montes de feijão, e trocar 1 dos montes de arroz por 10 montes de feijão e que neste caso estaria levando vantagem sobre Frid que produz muito mais e recebe muito menos em troca e com isso poderia haver uma desmotivação para produzirem em maior quantidade para continuarem com os negócios. Mas eis que na vida real sempre surgem outros produtores de feijão e arroz, desde que os governos não proíbam, e uma concorrência se estabelecerá. Quando se estabelece o Livre Mercado, o monopólio não vigora. Então, o mesmo raciocínio utilizado quando havia somente dois produtores de alimentos, vale para quando há um número maior de participantes e com quantidades diferentes de produtos, que é o que ocorre em realidade quando as pessoas podem produzir e negociar os seus produtos livremente. Se você concorda que essas trocas foram justas, então você concorda que as leis de mercado são justas, porque é assim que o Livre Mercado funciona através das trocas espontâneas.

Na próxima safra Bernay também aumenta a sua produção para 20 montes de arroz; então eles ficam com 10 montes de feijão e 10 montes de arroz, cada um. Veja que o aumento na **produtividade** de apenas 1 item, o feijão, já havia melhorado a vida dos dois envolvidos. Isso significa que qualquer produção individual acrescida em um Mercado Livre contribui para a melhoria de todos os envolvidos nesse sistema. Mas, o aumento na **produtividade** dos dois cereais foi ainda mais importante para os dois participantes. Por isso, quando o aumento da **produtividade**, que é o aumento da produção com o mesmo trabalho, com o mesmo número de pessoas ou numa mesma área física, mas com novas técnicas de produção, ocorre em todas as áreas da economia, toda a população tem uma melhora significativa no seu padrão de vida. Semelhante a essas operações desse mercado pré-histórico simbólico, as operações de troca são também realizadas de forma automática (automática aqui significa que não precisa o governo intervir no processo; é a ação das pessoas comprando ou deixando de comprar que faz a economia funcionar e progredir) e espontânea em uma economia de mercado real, porém mais difícil de ser percebida pelo observador devido ao imensurável número de mercadorias e de pessoas envolvidas nas transações, que ainda contam com um meio de troca, o dinheiro. Foi por isso que Adam Smith descreveu o sistema de Livre Mercado como sendo guiado por uma *Mão Invisível*.

Essas simulações de trocas de mercadorias na era do escambo simbolizam o essencial em uma economia de Livre Mercado e que o que tem valor, principalmente no sistema atual, são os bens palpáveis, úteis, os quais os consumidores têm interesse em adquirir e que o dinheiro, que serve para facilitar as trocas, são apenas papéis pintados com valores representativos estampados na face com a chancela do seu emissor, o governo.

Voltando à nossa história, alguém da aldeia ou das redondezas não precisava produzir feijão nem arroz, pois poderia se utilizar daquele excedente produzido por Frid e Bernay. É nesse ponto que se inicia o processo de diversificação da cooperação social. É a consolidação da divisão do trabalho, enunciada por Adam Smith milhares de anos depois, onde cada um se especializa numa atividade específica, aumentando a sua **produtividade**.

Os nossos supostos plantadores de feijão e arroz talvez sentissem a falta de uma ferramenta que rasgasse a terra para colocar as sementes e facilitasse a produção. Depois de séculos passando trabalho inventaram uma ferramenta muito útil para rasgar o solo: o arado. Dizem os historiadores que se constituía, inicialmente, de um galho bifurcado que depois de alguns séculos recebeu um *upgrade*: uma pedra lascada amarrada na ponta.

Arado de pau puxado pelo homem.
Fonte: http://bit.ly/4exHE2t

Evolução da mecanização agrícola – Felipe Saruga.
Fonte: https://pt.wikipedia.org/wiki/Antigo_Egito#/media/Ficheiro:Maler_der_Grabkammer_des_Sennudem_001.jpg

Milhares de anos depois o homem produziu equipamentos bem melhores: os tratores e as colheitadeiras.

Um dos agricultores abandonou a lavoura e se dedicou a produzir arados que trocava por cereais de vários agricultores, tudo **voluntariamente**. Com seus arados os produtores de feijão e de arroz tiveram aumentos nas suas **produtividades**, pois produziam mais quantidade com a mesma mão de obra. Agora mais pessoas das redondezas não precisavam plantar feijão nem arroz. Mas para obter essas mercadorias tinham que ter algo para trocar. Inventaram a enxada. Passaram a trocar as enxadas por arroz e feijão. Com as enxadas os produtores de feijão e arroz puderam eliminar as ervas daninhas com mais facilidade e aumentaram ainda mais a sua **produtividade**. Outras pessoas passam também a produzir arroz. Inaugura-se a concorrência direta porque há mais de um produtor de arroz. Novamente, há mais outras pessoas que não precisam produzir feijão nem arroz. No entanto, como veio a enunciar Milton Friedmann, milhares de anos depois, não existe arroz com feijão grátis. Então, para obtê-los alguém descobriu que poderia plantar trigo.

Quando colheu o trigo, que era um produto inédito, muito esperado, e com muita aceitação pelo público consumidor, trocou uma parte por um arado e uma enxada, que já havia encomendado aos fabricantes, e outra parte por arroz e feijão. Com o passar dos séculos, a cesta de alimentos aumentou mais um pouco e mais alguém das redondezas poderá deixar de produzir o seu próprio alimento, mas terá de se dedicar a alguma atividade produtiva para oferecer em troca da sua alimentação, ou então continuar na autossuficiência, arranjar o seu próprio alimento, a sua própria subsistência. Mas, qual a vantagem da autossuficiência? Nenhuma. Autossuficiência é o contrário da divisão do trabalho.

Autossuficiência é pobreza, escassez e pouca variedade de alimentos. A humanidade começou a evoluir no mesmo momento em que abandonou a autossuficiência e começou a cooperar. No nosso caso aqui o autossuficiente não tem acesso ao feijão com arroz e nem ao trigo dos seus conterrâneos. Se quiser variedade na sua alimentação, terá de produzir, ele mesmo, todos os tipos de alimentos. Então, melhor do que se manter autossuficiente o indivíduo poderia se especializar na coleta de frutas e trocar as suas sobras por arroz e feijão.

Atualmente se ouve de alguns políticos que o nosso país precisa alcançar a autossuficiência nisso ou naquilo. Petróleo, então, é um alvo há muito tempo perseguido por alguns governos intervencionistas. Não que petróleo não tenha a sua grandíssima importância, mas existem países que não produzem quase nada de petróleo e mesmo assim ostentam um alto padrão de vida; por exemplo, o Japão. Perseguir a autossuficiência é uma política burra, de empobrecimento do país. Mas isso é coisa de governos. Somente governos têm o poder de interferir e dirigir um país para a autossuficiência. Um país que vive em um sistema de predominância do Livre Mercado jamais ficará escravo da autossuficiência.

O intercâmbio de produtos e conhecimentos aumenta a inteligência coletiva (não confundir com coletivismo) e se traduz em maior qualidade de vida para os envolvidos no processo. É mais vantajoso se especializar naquilo que se tem mais vocação e que seja mais produtivo para trocar por produtos em que a nossa vocação é menor. A vocação natural do Brasil, por exemplo, é a agricultura. Conta com um extenso território fértil, um clima favorável e uma especialização já alcançada. Mas isso não significa que não possa haver desenvolvimento em outras áreas. O que quero dizer é que o governo não pode e não deve favorecer, facilitar ou escolher quais áreas devem ser desenvolvidas. Isso é uma questão para o mercado resolver. O que o governo deve fazer é não atrapalhar, não intervir e abrir o mercado para o mundo comprar e vender sem a sua interferência, porque como vimos quanto mais trocas se realizarem maiores as vantagens para os participantes do Livre Mercado.

 Lá no início da civilização ainda havia quem fosse autossuficiente. Você já se imaginou sendo um autossuficiente? Quantas coisas será que você conseguiria produzir, hoje, desde a extração dos insumos até o produto estar pronto para o consumo? Agora olhe a sua volta. Você vê alguma coisa que usa ou consome no seu trabalho ou na sua casa que possa ser produzido totalmente por você? Mas tudo mesmo, desde os tijolos da sua casa, as madeiras, as janelas, as telhas, os revestimentos, os pisos, a instalação elétrica, etc. Vamos pegar como exemplo o item mais simples e mais barato para a construção da sua casa: o tijolo. Você conseguiria fazer um tijolo? Em primeiro lugar, você teria que descobrir onde existe a argila apropriada para a sua produção. Como você se deslocaria até o local? A pé? Como autossuficiente você não poderia usar nenhum tipo de caminhonete ou caminhão. Como você levaria a argila até o local de produção? Nas mãos? Em segundo lugar, teria que fazer uma fôrma para moldar o tijolo. De que material seria essa fôrma? Se for de madeira, você precisará de uma serra. Para fazer a serra você precisará de minérios de ferro. Para conseguir o minério de ferro você precisará escavar o solo. Que ferramenta você utilizará para cavar? Você mesmo terá de fazer a ferramenta. Para derreter o minério de ferro você precisará fazer fogo. Você sabe como fabricar fósforos? E tem mais alguns incontáveis itens envolvidos na fabricação do tijolo. Acho que já percebeu que, sozinho, você não tem capacidade de produzir nem um tijolo. Um simples tijolo. Agora olhe novamente ao seu redor, o seu carro, a sua motocicleta, a sua bicicleta, a sua TV, o seu telefone celular, o seu computador, o seu sapato, todos produtos compostos de milhares de itens. Olhe para as suas roupas, o tecido, os botões, a linha de costura, a tinta. Os alimentos, os temperos, o sal e uma infinidade de outras coisas. Você consegue perceber a complexidade do mercado? Parece que você não é capaz de produzir praticamente nada, não é verdade? Mas que milagre é este que coloca tantas coisas a nossa disposição? Este é o milagre da criatividade humana, da divisão do trabalho, da especialização, das trocas espontâneas, da liberdade de empreender (que infelizmente não ocorre em todos os países de forma ampla, inclusive o Brasil, por falta de liberdade econômica), da alta **produtividade,** do Livre Mercado. Agora veja o trecho a seguir transcrito de um vídeo do economista Milton Friedman com sua inesperada e brilhante conclusão envolvendo paz e harmonia no mundo em função do Livre Mercado e seu sistema de preços impessoais:

> Veja este lápis. Não existe uma só pessoa no mundo que poderia fazer este lápis. Uma afirmação extraordinária? De jeito nenhum. A madeira de que é feito, pelo que sei, vem de uma árvore derrubada no estado de Washington. Para derrubar aquela árvore, foi necessária uma serra. Para fazer a serra, foi necessário aço. Para fazer o aço, foi necessário o minério de ferro. Este centro escuro, nós o chamamos de chumbo, mas na realidade é grafite, grafite comprimido. Eu não tenho certeza de onde vem, mas acho que vem de algumas minas da América do Sul. Este topo vermelho aqui, um apagador, um pouco de borracha, provavelmente vem da Malásia, de onde a seringueira não é sequer nativa. Ela foi importada da América do Sul por alguns homens de negócios com a ajuda do governo inglês. Este envoltório de latão, eu não faço a menor ideia de onde veio, ou a tinta amarela, ou a tinta que faz as linhas pretas, ou a cola que o mantém inteiro. Literalmente milhares de pessoas cooperaram para fazer este lápis. Pessoas que não falam a mesma língua; que praticam religiões diferentes; que poderiam se odiar umas às outras caso se encontrassem. Quando você vai a uma loja e compra um lápis, você está na verdade trocando alguns minutos do seu tempo por alguns segundos do tempo de todas aquelas milhares de pessoas. O que as reuniu e as levou a cooperar para produzir este lápis? Não houve um comissário emitindo ordens de um escritório central. Foi a mágica do sistema de preços, a operação impessoal dos preços, que os reuniu e os fez cooperar para produzir o lápis, para que você possa tê-lo por uma quantia insignificante. **É por isso que o funcionamen-**

to do mercado livre é tão essencial, não apenas para promover eficiência produtiva, mas ainda mais, para promover harmonia e paz entre os povos do mundo.[3]

Isso é o que Pierre Lévy chamou de inteligência coletiva, sem que haja um planejamento central; é a ordem espontânea do mercado mencionada por Hayek, ou a *Mão Invisível* de Adam Smith. Em um ambiente de liberdade há mais compartilhamento da inteligência individual, com reflexos na inteligência coletiva. E você pode ter certeza de que não é o governo com seus burocratas que cria tantas inovações e tanta qualidade de vida através dos tempos. É a livre iniciativa que faz isso, apesar dos governos.

> Governos e países são menos importantes do que as pessoas acham... Eles fazem parecer que têm crédito por processos que ocorrem naturalmente. Acredito em governos enxutos, ou governo nenhum. (Pavel Durov – criador do aplicativo Telegram)

Voltando novamente à idade da pedra, alguém caçou um búfalo na paulada. Embora tenha recebido algumas chifradas, valeu a pena. Trocou parte da carne por arroz e feijão e a pele por frutas daquele especialista em coleta, que agora já cultivou um arvoredo frutífero. Inventou uma arma para a próxima caçada. Especializou-se na caça e criação de búfalos e outros animais. Inaugurou o primeiro açougue da história.

Com o passar dos milênios, alguns indivíduos mais observadores passam a cultivar outros cereais e algumas variedades de frutas. Aumenta o número de empreendedores. Mais e mais tipos de produtos agrícolas e utensílios passam a ser produzidos. O escambo se intensifica. Com o aumento da quantidade de itens em oferta, aumenta a dificuldade de se efetuar as trocas. Surge, espontaneamente, o meio de troca: o dinheiro. Não como o conhecemos hoje, mas de forma rudimentar. Por volta do ano 3.000 a.C. algumas mercadorias mais fáceis de trocar por serem mais estáveis e

---

[3] https://www.youtube.com/watch?v=skx8a90xI78

permitirem o fracionamento, como o sal e alguns cereais, passam a ser utilizados como moeda, ou seja, passam a ser valor de referência.

Grãos de cevada eram usados como meio de troca.

Por volta do ano 600 a.C. surgem as primeiras moedas cunhadas em metal.
Fonte: https://www.nationalgeographic.pt/historia/as-primeiras-moedas-da-historia_2099

Com o passar dos séculos e milênios, foram surgindo as mais diversas profissões, fora do setor de alimentos e agasalhos, profissões essas que só são possíveis porque a divisão do trabalho proporcionou um aumento ultraviolento na própria produtividade de alimentos e agasalhos, únicos itens essenciais para a manutenção da vida. Como alguém poderia imaginar, há dois ou três séculos, que uma pessoa poderia ganhar a vida simplesmente correndo, não para caçar animais ou escapar deles, mas simplesmente correndo sem produzir coisa alguma, sem precisar produzir algo palpável para trocar? Sim, os atletas profissionais fazem isso. Ganham dinheiro, simplesmente, correndo. E ainda com várias divisões e subdivisões: 100 metros rasos, 200 metros, 800 metros, com obstáculos, maratona... Quem imaginaria que surgiriam lutadores profissionais? Não aqueles jogados na arena contra a sua vontade. E também de várias categorias de peso e de tipos de lutas, e ainda categorias femininas e masculinas. Quem imaginaria que atrás de um objeto esférico surgiriam vários tipos de jogos de entretenimento? Com os pés, com as mãos, com raquetes, com tacos... Quem poderia imaginar que uma pessoa poderia ganhar a vida divertindo-se em cima de uma prancha de *surf* ou esquiando numa estação de inverno? E quem imaginaria que poderia surgir a profissão do comentarista especialista sobre o cara que corre apenas para diversão dos outros, do cara que luta ou do cara que joga bola? E ainda escolas e professores que formam os jornalistas comentaristas dos caras que correm e jogam bola! Você sabia que existe a profissão de instrutor de *surf* para cães?

https://pt-br.ihodl.com/lifestyle/2016-05-01/as-14-profissoes-mais-bizarras/

Você acredita que tudo isso seria possível sem a divisão do trabalho, sem a especialização daqueles que plantam arroz, feijão e algodão para sustentar todas essas pessoas que fazem essas coisas *supérfluas*? Você acredita que a autossuficiência seria um caminho? A verdade é que sem a divisão do trabalho, da qual Marx é um crítico severo, você teria que plantar o seu próprio arroz com feijão e inventar alguma coisa para se agasalhar do frio porque as coisas essenciais que nos mantêm vivos são a alimentação e o agasalho. A altíssima produtividade das coisas essenciais de que necessitamos para viver, como arroz, feijão e agasalho, são o lastro que permite com que muitos de nós se dediquem às atividades *supérfluas*.

Uma ceifeira combinada moderna, guiada por um só homem, pode colher trigo suficiente num único dia para fazer meio milhão de pães. – Nota de referência número 3 – Metade de um quilo de farinha por pão, 3.500 por acre, 80 acres por dia = 560 mil pães por dia. Esses são números que meus colegas obtiveram em minha própria fazenda. Não surpreende que... a maioria da população mundial, pela primeira vez, viva nas cidades – elevando-se de 15% em 1900. A mecanização da agricultura, possibilitou, e foi possibilitada, por uma maré de pessoas que deixaram a terra em busca de melhor sorte na cidade, todas livres para produzir outras coisas que não alimentos. (Ridley, p.164)

Não nos esqueçamos de que o cultivo da terra é o trabalho mais importante do homem. Quando a cultivação começa, as outras artes a seguirão. Os agricultores, por isso, são os fundadores da civilização. (Daniel Webster)

Para um plantador de feijão, a coisa mais importante do mundo para a sua sobrevivência é a sua roça de feijão. Para um jogador de tênis, é a sua raquete e a sua performance na quadra. Para um boxeador, é a sua condição física e sua habilidade com os punhos. Para um atleta, é a sua rapidez e o seu fôlego. Para o treinador da escola de *surf* para cães é a sua prancha e o cachorro da vez. E a coisa mais importante para um liberal é que todas essas pessoas possam exercer as suas atividades livremente, sem a importunação de marxistas retrógrados, de coletivistas autoritários e de salvadores da pátria estatistas que ainda sonham em dirigir a vida das outras pessoas. Defender a liberdade é o dever de todos aqueles que querem viver a sua vida sem um governante autoritário e um burocrata empoderado no seu cangote.

Tudo o mais que existe, só existe porque os produtores de coisas essenciais, como alimentação e agasalho, chegaram a um nível tal de **produtividade** que nos permitem fazermos coisas *supérfluas* ou sem aparente relevância para a manutenção da vida. E não estou fazendo uma crítica a quem se dedica a fazer coisas não essenciais para manter a vida. Pelo contrário, ainda bem que os humanos são capazes de poder fazer coisas aparentemente supérfluas porque esta foi a maneira que o sistema de Livre Mercado encontrou para permitir com que a população possa crescer em condições de manter uma qualidade de vida sempre crescente, mesmo daqueles que não produzem coisas essenciais. O ser humano, por ter uma sensibilidade desenvolvida, não é um consumidor apenas das coisas essenciais, como um cavalo que lhe bastam água e capim, mas também das coisas prazerosas, como a pintura, a literatura, a música, o cinema, o teatro, as competições esportivas, as viagens e por aí em diante. Tudo isso é possível porque as pessoas pagam para assistir a bons *shows*, bons espetáculos, bons jogos, boas lutas de boxe e de artes marciais, boas corridas, boas peças de teatro, bons filmes, bons passeios turísticos. Pagam para ler bons livros, boas revistas, bons jornais, segundo suas próprias avaliações. Mas apenas alguns séculos atrás a vida de um cantor, de um escritor, de um compositor, de um pintor era pobre, porque a **produtividade** das coisas essenciais ainda era muito baixa. Casos como o do compositor Franz Schubert, que viveu no início do século dezoito, não eram raros.

> O compositor austríaco é hoje enaltecido como um dos mais importantes músicos do final da era clássica e início da romântica. No entanto, não teve em vida tanta credibilidade. Apesar da intensa produção – mais de 600 músicas, 21 sonatas para piano e sete sinfonias completas, além de outras obras –, Schubert era celebrado apenas por um pequeno círculo de amigos. Com a falta de reconhecimento, veio a carência financeira, que ele supria com aulas ou com a venda de algumas obras. Além da falta de reconhecimento e dinheiro, teve a vida interrompida aos 31 anos, por febre tifoide. Foi enterrado ao lado de Beethoven, um de seus grandes ídolos.[4]

---

[4] https://aventurasnahistoria.uol.com.br/noticias/almanaque/10-genios-que-morreram-na-miseria.phtml

A pobreza de Schubert não era em decorrência apenas da falta de reconhecimento, como tentam fazer parecer aqueles que não compreendem os mecanismos do sistema de Livre Mercado e não sabem fazer uma análise da História Econômica, ainda hoje, como o autor da reportagem acima. A pobreza de Schubert decorreu da falta de recursos nas mãos da população. O povo ainda era muito pobre. Mesmo outros artistas famosos não eram ricos, mas pelo menos podiam viver do seu trabalho artístico. Diferente de hoje, em que mesmo artistas quase sem nenhuma qualidade estão milionários. Os artistas atuais estão milionários porque são, reconhecidamente, superiores aos artistas mais antigos como Schubert? Obviamente que não. São milionários porque a **produtividade** das coisas essenciais de que necessitamos para viver nunca esteve tão alta como neste nosso tempo, o que também proporcionou um aumento vertiginoso da população nos últimos séculos, ou seja, também há um público muito mais numeroso do que antigamente, uma comunicação facilitada e com condições financeiras para consumir até coisas de baixa qualidade.

Os governos estão sempre de olho grande para taxar de forma abusiva as atividades e os produtos que os burocratas e políticos intervencionistas consideram supérfluos. Na verdade, em uma Economia de Mercado Livre moderna não há nada supérfluo; tudo é essencial para quem vive daquelas atividades. O treinador de *surf* para cães obtém o seu feijão com arroz da sua atividade. Para ele é essencial. A fabricação de videogames, de perfumes, de armas e de algumas bebidas é essencial para seus donos e seus funcionários, mas aí vem o governo e rouba 70% e às vezes mais de 80% da produção na forma de impostos, porque as considera coisas não essenciais. Eu gostaria de saber o que levou o burocrata do governo a colocar uma alíquota de 34,3% sobre os talheres e 44,52% sobre a louça. Como eles chegaram e esses percentuais tão precisos? Parece que, ilusoriamente, é para dar ares de critérios muito científicos e muito justos. E por que consideram a louça menos importante do que os talheres, visto que cobram 10% a mais de imposto sobre a louça? Se você quiser saber quanto paga de imposto em cada produto que consome, faça uma visita ao impostômetro pelo *link* a seguir. Antes, tome um calmante!

https://impostometro.com.br/home/relacaoprodutos

A intervenção dos governos, seja com impostos escorchantes, seja com burocracia, seja com controles de preços, seja com a criação de monopólios estatais ou privados protegidos, seja com corrupção, em qualquer atividade econômica é uma sabotagem ao capitalismo, e gera as mazelas que em seguida são atribuídas, por eles próprios, ao capitalismo. É como o ladrão que é pego praticando o roubo e sai pela rua gritando: "Pega ladrão". As atitudes das esquerdas, dos socialistas, dos comunistas e de todos os extremistas de esquerda que lutam contra o Livre Mercado é de um cinismo repugnante.

Há quem critique os atletas ricos e os artistas endinheirados, e os ricos de qualquer natureza. Acham que eles não precisavam fazer tanto dinheiro e que se poderia colocar um limite nisso. E há o pessoal da extrema esquerda, os marxistas, que dizem que os ricos bilionários não deveriam existir, que se deveria cobrar impostos sobre grandes fortunas, abolir o direito à herança, aumentar a progressividade dos impostos e até a eliminar (assassinar) os empreendedores (os burgueses). E há muita gente com essa mentalidade a nos governar. Este tema será comentado nos próximos capítulos.

COMO SURGIRAM OS GOVERNOS E O ESTADO

Agora vamos examinar um outro aspecto da natureza humana. O ser humano não é inteiramente bom e produtivo como mostrado até aqui. Há um percentual da população que é mau, que é bandido. Há outro percentual que é indolente, que fica à espera dos outros, que não está preocupado com o futuro. E há ainda um percentual daqueles que correm na frente de todo mundo para produzir coisas inéditas, com mais eficiência, com mais produtividade, inventar caminhos e ditar o ritmo do progresso da raça humana. E no meio disso tudo a maioria do povo, gente normal, trabalhador, honesto, cumpridor dos deveres, ou seja, uma tal de classe média, aliás muito odiada por certos políticos. Assim, na história da humanidade sempre houve aqueles que quiseram se beneficiar do trabalho alheio: os ladrões. Diz a lenda que, antes da existência dos faraós, dos imperadores, dos reis e dos governos, há milhares de anos, quando alguns homens iam levar suas mercadorias para fazer o escambo, ou seja, para trocar com outros produtores, eram assaltados e roubados. Inicialmente, de vez em quando ocorriam os assaltos. Depois, começaram a aparecer outros ladrões para roubar também. Reza a lenda que os comerciantes, não restando alternativa, começaram a fazer acordos com os ladrões, dando a eles uma parte do seu produto para ganhar proteção contra outros ladrões e a permissão de comercializar. Grupos de ladrões passaram a tomar conta de determinadas regiões, assim como os traficantes fazem hoje com certas áreas determinadas, e davam segurança aos comerciantes contra outras quadrilhas, mediante pagamento, que passou a ser chamado de imposto. Sim, porque era uma coisa imposta, mediante força e violência. E foi assim que surgiram os impérios e os reinados que, posteriormente, evoluíram para os Estados Nacionais. Cada quadrilha delimitou a sua área de atuação que passou a ser chamado de reinado, nação ou país. É por isso que se afirma, hoje, que imposto é roubo. Depois os ladrões passaram a controlar também a moeda. Então o povo só podia usar a moeda fornecida pelos ladrões, quer dizer, pelo governo.

E foi assim que surgiram por volta dessa época os primeiros governos, que prometiam apenas segurança, mediante a extorsão de um pagamento imposto. Os chefes dos ladrões se transformaram nos Reis e Faraós que seguiram, então, com a cobrança do imposto compulsoriamente. Hoje continuamos sendo forçados a entregar, *legal e democraticamente,* quase a metade de tudo o que produzimos aos ladrões, digo, ao governo. Por que você acha que os maiores salários são dos integrantes da quadrilha, digo, dos funcionários do governo? E sempre há mais pessoas dispostas a entrar para a grande quadrilha chamada governo, então fazem concursos públicos, onde os melhores cérebros são capturados e colocados a cumprir tarefas burocráticas, desnecessárias e antiproducentes, tudo para garantir um roubo cada vez mais eficiente.

Vemos, então, que os primeiros governos foram instituições onde alguns homens se organizaram, outorgando-se a si próprios o direito ao monopólio da força coercitiva para dominar o restante da população sob a mira de *leis* criadas por eles mesmos e de armas que só eles podiam usar, e obrigá-la a entregar uma parte da sua produção com a promessa de dar segurança e resolver as questões de justiça. (Não parece hoje?) Mas, com o passar do tempo, os ladrões, digo, os governos, viram que podiam avançar ainda mais sobre a propriedade privada daqueles que produziam riqueza. A maioria dos governos, no mundo inteiro, reivindicaram para si o monopólio em várias atividades econômicas, proibindo a iniciativa privada de executá-las: moeda, educação, saúde, petróleo, telecomunicações, minérios, geração de energia... Mas o engraçado, ou surpreendente, ou trágico é que os ladrões, digo, os governos, conseguem iludir grande parte da população *esclarecida* da sua (governo) necessidade de ter ainda mais atividades: fábrica de preservativos, hotéis, empresas de tecnologia, canais de telecomunicação, empresas de ônibus municipais (hoje, 02/10/2023, enquanto reviso este texto, recebo a notícia da privatização da última empresa de transporte municipal do Brasil em Porto Alegre: a Carris. Essa é uma das poucas notícias boas do Brasil nos últimos tempos. Mesmo assim é uma coisa insuficiente porque não há um mercado de transporte livre no Brasil. Transportar pessoas é um serviço simples que não precisa o governo ficar se metendo nisso e autorizando quem pode e quem não pode fazer o serviço. É que os motivos são outros. Você pode até duvidar, mas isso é o atendimento a uma recomendação marxista. Isso será comentado no capítulo sobre o marxismo). Há uma empresa de transporte ferroviário no Brasil que não tem nem um metro de estrada de ferro e nenhum trem desde 2012, mas tem, sim, uma folha de pagamento bem gorda sendo sustentada por uma população carente de bons empregos que a iniciativa privada não pode criar por que tem que sustentar empresas fictícias com funcionários reais, uma máquina estatal inchada, improdutiva e que esbanja demais.

https://viatrolebus.com.br/2021/03/mesmo-sem-tav-entre-rio-e-sp-estatal-ainda-abriga-funcionarios/

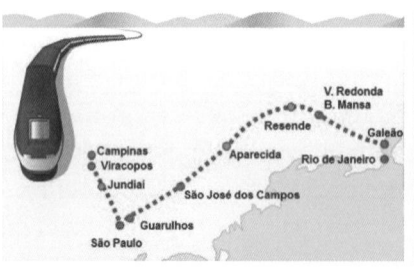

O trem bala e a estrada de ferro que só existem no desenho, mas tem funcionários com altos salários há mais de 10 anos.

Há dois tipos de políticos que defendem a criação e manutenção das empresas estatais e o aumento do Estado: 1) Aquele que é ingênuo e acredita que o Estado pode ser eficiente e fornecer produtos e serviços baratos ou grátis à população; e 2) Aquele que quer aumentar o Estado para aumentar o seu poder, colocar os seus comparsas nas posições estratégicas das estatais, dos órgãos públicos, da justiça, tomar conta de todas as atividades, reduzir o indivíduo a peão de xadrez sem a possibilidade de promoção a qualquer peça mais importante sem o aval dessa cúpula diabólica.

Em Livre Mercado, quando uma empresa privada é mal administrada, ela vai à falência, deixa de existir, os seus empregados e os seus clientes passam a ser atendidos por outras empresas privadas. Quando uma empresa estatal é mal administrada, e geralmente é, porque é administrada por políticos, principalmente os de esquerda, ela não vai à falência. Nesse caso você é chamado a pagar a conta do prejuízo da estatal com aumentos de impostos sobre o seu arroz com feijão. Políticos de esquerda menosprezam os empreendedores, querem eles mesmos administrar as empresas. Por isso que os políticos de esquerda sempre são contra as privatizações, e falam até em reestatizar o que já foi privatizado. A CEEE (Companhia Estadual de Energia Elétrica) era uma empresa estatal de energia elétrica falida com redes de distribuição elétricas aéreas (quando na maior parte dos países desenvolvidos essas redes são subterrâneas), sucateadas e vulneráveis a qualquer vento um pouco mais forte. Não recolhia aos cofres públicos os altos impostos cobrados da população. De cada 100 reais da sua conta de luz, 44 reais são impostos. Imagina quanto dinheiro ficava com a empresa ilegalmente, e mesmo assim não conseguia construir redes mais modernas. Os salários dos seus funcionários eram muito altos para os padrões brasileiros, estavam muito além dos preços de mercado. Quase todos os funcionários da CEEE, ao se aposentarem entravam com ações trabalhistas milionárias. A empresa, além de mal administrada, era saqueada o tempo todo por uma nuvem de gafanhotos esfomeados sob os olhares complacentes dos governantes. A CEEE estatal era um instrumento usado por um grupo de privilegiados para sugar os recursos de toda a pobre população gaúcha. E eles costumam dizer que as empresas estatais são do povo. Na verdade elas são dos políticos e dos seus funcionários. Do povo é só a conta do prejuízo.

Agora há grupos de políticos trabalhando para reestatizar a CEEE. Alegam que a empresa privada não está atendendo a população, que há muita demora para religamento da energia quando ocorrem vendavais que derrubam os postes e as linhas aéreas, como se quando era estatal não ocorressem os mesmos problemas e atrasos. Querem que a energia seja rapidamente restabelecida quando nos temporais milhares de quilômetros daquelas redes ainda são as antigas redes aéreas estatais. Provavelmente não deu tempo para as empresas privadas modernizarem as redes, colocando-as sob o solo, porque o investimento é alto.

Tenho um amigo que trabalhou na CEEE estatal. Ele disse que tinha vergonha de trabalhar lá devido ao grande número de funcionários que ficavam sem fazer nada, apenas esperando chegar ao fim do mês para receber o gordo salário.

Aí você vai investigar e vê que quase todas essas atividades governamentais (estatais) dão prejuízos, apesar de garantidas por força de lei de ser um monopólio. É que o objetivo último dos ladrões, o governo, nunca é o bem-estar da população, e sim o seu próprio, apesar de que alardeiam as suas *benfeitorias* a todo instante. O objetivo disso tudo é obter mais meios de poder roubar o povo, mas com um discurso demagógico e mentiroso de que vai sustentá-lo e protegê-lo. Há gente que concorda.

Os ladrões, digo, os governos, são muito criativos, principalmente os de esquerda. Além de eles criarem inúmeras empresas estatais, algumas apenas com o propósito de colocar os companheiros, eles também criaram uma maneira de outros parasitas infernizarem a vida de quem produz riqueza na iniciativa privada: criaram o sindicalismo, que, além de ser um dos principais empecilhos ao desenvolvimento, serve de trampolim para políticos demagogos que vivem criando leis supostamente favoráveis aos trabalhadores mas que na realidade os prejudicam, os escravizam na senzala ideológica e os mantêm na miséria. Por muito tempo, no Brasil, o trabalhador foi obrigado por força de lei a entregar um dia do seu salário a esses parasitas da sociedade. A reforma trabalhista de 2017 acabou com essa obrigatoriedade, retirando a mamata dos sindicalistas. Mas o novo governo de Lula já prometeu permitir que os sindicatos voltem com essa cobrança compulsória para encher os bolsos dos seus amigos sindicalistas. Na verdade, uma parte desse imposto sempre serviu para comprar pão com mortadela para atrair gente humilde para lotar as manifestações de rua da extrema esquerda. É uma armação para fazer de conta que os socialistas têm muito apoio popular. Eles dizem que é para o bem dos trabalhadores. E os tolos acreditam.

Sem a intervenção dos ladrões, digo, dos governos, o mundo seria mais avançado, mais justo e menos imoral. Tudo isso faz parte da invencionice de um sistema em que as próprias vítimas pagam para escolher quem vai lhes roubar. Deram a isso o nome de democracia.

É comum se ouvir que a democracia é o melhor sistema de organização social com a concordância da maioria dos cientistas sociais. Mas, você já ouviu falar na Demarquia? Não é um sistema que suprime o Estado, mas reduz bastante o seu poder. É o aprimoramento da democracia. Porque nas democracias atuais, que dizem que o poder emana do povo, o poder tem emanado, mesmo, muito mais do Estado, ou daqueles que dominam o Estado. Pois, um sistema demárquico foi proposto por Henry Maksoud, um grande defensor do sistema de Livre Mercado, através de um modelo de Constituição inspirado nas ideias de Hayek. Maksoud escreveu uma sugestão de Constituição para o Brasil um ano antes da promulgação da Constituição socialista do Brasil, em 1988. Não tenho condições de adentrar em uma discussão profunda sobre a Constituição, mas me ancoro na opinião de juristas e políticos conceituados como Ives Gandra da Silva Martins, Roberto

Campos, Márcio Thomaz Bastos e tantos outros nomes respeitados que deram o seu aval e salientaram a importante contribuição de Maksoud para que tivéssemos um país moralmente mais justo, juridicamente mais seguro, politicamente mais ético e economicamente mais evoluído. As principais preocupações de Maksoud colocadas em sua Constituição diz respeito à preservação dos direitos individuais, a definição do que seja uma legislação justa, a limitação aos poderes do governo e uma verdadeira separação dos poderes para proporcionar a criação de um ambiente acolhedor ao empreendedorismo. Infelizmente o esforço de Maksoud foi solenemente ignorado pelos políticos brasileiros que escreveram a Constituição. O que está em uso, hoje, é o *dicionário de anseios*, termo usado pelo próprio Maksoud para se referir à carta promulgada em 1988. Você consegue o texto integral da Constituição de Maksoud com os comentários dos especialistas que avaliaram o seu conteúdo, digitando no Google "Maksoud Constituição PDF".

RIQUEZA E POBREZA

Há um lugar no mundo onde o trabalhador troca o equivalente a meia hora de trabalho por 1 kg de carne. Há um outro lugar onde ele precisa trabalhar 61 horas para receber o mesmo 1 kg de carne. No primeiro, o trabalhador troca o equivalente a 4 horas do seu trabalho por um par de sapatos. No segundo, ele precisa trabalhar 273 horas para obter o mesmo par de sapatos. Há várias comparações gritantes entre esses dois lugares. Nenhum desses lugares é o Brasil. O primeiro é um país capitalista onde há liberdade econômica. O segundo é um país socialista onde a liberdade econômica não existe. No primeiro, a **produtividade** é alta em função da liberdade econômica. No segundo, a **produtividade** é baixíssima porque não há liberdade econômica. O primeiro são os Estados Unidos. O segundo é Cuba. Você encontra esses números na tabela da página 61, e ainda pode ver a comparação entre vários países, e constatar que onde há mais liberdade, o povo é mais rico. Nós não precisamos nos mudar para os países onde a carne, os sapatos e tudo é mais barato. Nós podemos deixar a liberdade entrar em nosso país para que nos tornemos mais ricos. Como diz Marcel Van Hatten: "Eu não quero viver em outro país. Eu quero viver em outro Brasil". Muitos brasileiros estão indo embora do Brasil. Estamos perdendo os nossos melhores cérebros, gente que poderia ficar aqui e ajudar a construir um país melhor. Mas, eles têm razão. Do jeito que está, aqui não há futuro. Precisamos mudar essa realidade.

https://www.gazetadopovo.com.br/ideias/mais-da-metade-do-desenvolvimento-humano-dos-paises-se-deve-a-liberdade-economica-e-nao-a-redistribuicao/?#success=true

Além de tantos outros argumentos que apontam a imoralidade do sistema socialista ou de qualquer sistema antimercado, como a falta de liberdade em todos os aspectos da vida humana, o melhor argumento econômico antissocialista é o da falta de informações sobre os preços que ocorre nesse sistema. No socialismo todos os preços são tabelados pelo governo, não havendo informações dos consumidores aos fabricantes sobre as quantidades a serem produzidas, ou seja, não há negociação diretamente dos consumidores com os fabricantes. São os burocratas que determinam as quantidades a serem fabricadas pelas empresas estatais e os preços a serem praticados. O sistema socialista abre mão das insubstituíveis e indispensáveis informações dos milhões de consumidores que opinam através da linguagem do sistema de preços com os fabricantes. Mises previu a impossibilidade do socialismo já lá no início do século passado, muito antes de o fracassado experimento ter sido colocado em prática na União Soviética. Depois Cuba, Coreia do Norte e outros países também vieram confirmar que onde o socialismo foi colocado em prática, ele produziu fome, miséria e morte. Como anteviu Mises, o socialismo é um sistema inviável pela impossibilidade do cálculo econômico, porque não conta com o referencial do sistema de preços livres.

É muita inocência, ou falta de conhecimento, ou inexperiência, ou petulância, ou arrogância, ou tudo isso junto, alguém achar que governos através de seus burocratas podem substituir o funcionamento do Livre Mercado nos seus mínimos detalhes.

O capitalismo é sistematicamente atacado pelos seus inimigos marxistas, intervencionistas e socialistas. Acusam o sistema capitalista de ser o maior gerador de pobreza do mundo. Não pode haver ideia mais falsa, porque é justamente o contrário. O próprio Marx reconhece que a "burguesia (os empresários) produz em grandes quantidades e a preços muito baixos". Capitalismo é sinônimo de liberdade individual, de salários altos, de riqueza e de alto padrão de vida. Isso ficará provado neste capítulo com a comparação de dados reais entre os países mais livres, os menos livres e os não livres. A diferença fica evidente quando se compara o tempo em horas de um trabalhador, entre os mais livres e os menos livres, sendo trocado diretamente pelas mercadorias.

> A liberdade nunca está a mais do que uma geração de sua extinção. Não a transmitimos aos nossos filhos pelo sangue. Devemos lutar por ela, protegê-la, e entregá-la a eles para que façam o mesmo. (Ronald Reagan)

A Heritage Foundation é uma instituição americana que avalia o grau de liberdade econômica em 184 países. O Brasil ocupa a vexatória posição 124 do *ranking*. O **Índice de Liberdade Econômica** (*Index of Economic Freedom*) foi criado em 1995 e leva em consideração várias categorias de Liberdade Econômica. Para classificar o grau de liberdade em cada país a instituição utiliza 12 critérios comentados a seguir:

1) **Direito de propriedade:** A propriedade privada no Brasil está em constante ameaça pelos comunistas do MST e do MTST, organizações que não respeitam o direito de propriedade, vivem invadindo fazendas e propriedades urbanas com destruição e violência e que contam ainda com o apoio do governo Lula. Apesar disso, o agronegócio é o ramo da economia que tem salvado o Brasil de uma performance ainda pior do que já está. O Brasil é um país que tem a vocação agrícola pelo seu imenso território fértil, ensolarado, livre de nevascas, livre de furacões, livre de vulcões ou qualquer fenômeno que atrapalhe. Se houvesse um verdadeiro respeito ao direito de propriedade, seria um passo importante para que o Brasil figurasse entre os mais bem-sucedidos do mundo. Nota 49,1.

2) **Efetividade judicial:** Além de ser uma justiça cara e lenta, ela é ineficiente. Não é necessário pertencer ao ramo do Direito para constatar isso. Uma justiça que deixa processos importantíssimos, cuja evolução foi acompanhada por toda a população, se arrastar por longos anos, para depois de haver condenações robustas em três instâncias colegiadas, descobrir que

estava sendo julgado na cidade errada é de uma ineficácia incomparável. Sim, estou falando do caso do Lula. Um caso em que podem ter ocorrido, além de tudo, ações nada republicanas entre o condenado e as instâncias superiores da justiça, que o livrou de todos os seus crimes pelas canetas daqueles que o próprio Lula colocou lá.

> Teu dever é lutar pelo direito. Mas, se um dia encontrares a justiça em conflito com o direito, luta pela justiça." (Eduardo Juan Couture, jurista uruguaio).

No Brasil, hoje, os poderosos não trabalham por direito nem por justiça, mas por poder e dinheiro. É preciso ter muita coragem para investir em um país onde não há segurança jurídica. O capital internacional, tão necessário, não vai aonde corre o risco de ficar preso. E o próprio capital nacional foge do país em função da insegurança jurídica. Um país de onde o capital foge e de onde os melhores cérebros vão embora, o povo fica pobre. Nota 55.

3) **Integridade do governo:** A corrupção é um mal que assola o país desde sempre. A corrupção é favorecida pela grande presença do Estado na economia com muitas empresas estatais e muitos órgãos públicos. As empresas estatais são comandadas pelos políticos. Elas são os seus postos estratégicos para organizar a roubalheira, são instrumentos para gerar a corrupção. Além disso, elas são ineficientes porque não há incentivos para a geração de lucros e, na maioria das vezes, dependendo do governo do momento, elas dão prejuízos, que são suportados pela população através de uma carga tributária sempre crescente. Nota 36,9.

4) **Carga tributária:** Além de o Brasil ter uma carga tributária muito alta, os métodos de arrecadação são muito complicados, gastando-se muito tempo para a apuração e tornando-se bastante dispendioso, com assessorias caras, para se descobrir quanto se deve pagar. Nota 69,7.

5) **Gastos do governo:** Uma máquina inchada e ineficiente consome muito daquilo que a iniciativa privada produz e não há retorno para a população. Nota 34,9.

6) **Saúde fiscal:** O governo brasileiro está sempre gastando mais do que arrecada, fabricando dinheiro sem lastro, gerando inflação e afastando investidores. A dívida pública equivale a 98,9% do PIB. É como se você comprasse uma casa e estivesse devendo 98,9% dela, ou seja, você estaria devendo, praticamente, tudo. Por isso a incrível nota 30,9.

7) **Liberdade de negócio:** A Lei de Liberdade Econômica aprovada em 2019 contribuiu para melhorar o ambiente de negócios, mas ainda falta desregulamentar e desburocratizar muita coisa. O Brasil é muito burocrático, e isso atrasa a geração de riqueza. Nota 67.

8) **Liberdade de trabalho:** A reforma trabalhista aprovada em 2017 dá mais ânimo aos geradores de empregos, é um quesito que também melhorou, mas ainda falta muito para uma verdadeira liberdade de trabalho. Não se pode dizer que há liberdade de trabalho quando empregado e empregador não podem decidir o valor do salário sem que o governo venha meter o bedelho no negócio. O marxismo ainda está muito entranhado na legislação trabalhista brasileira. E marxismo é sinônimo de anticapitalismo e de pobreza. Nota 56,9.

9) **Liberdade monetária:** Onde o governo tem o monopólio sobre a emissão de moeda não há liberdade. O governo continua sustentando empresas estatais deficitárias e fornecendo subsídios aos seus amiguinhos da iniciativa privada. Isso afeta o nível de liberdade econômica. Nota 71,6.

10) **Liberdade de comércio exterior:** O Brasil é muito fechado ao comércio exterior, com taxas impeditivas. Nota 66,8.

11) **Liberdade de investimento:** Há muitas regras e restrições à entrada do capital estrangeiro e até a proibição em alguns setores da economia. Nota 50.

12) **Liberdade financeira:** O setor bancário é dos mais regulados do mundo. Nota 50.

Estão aí os doze principais motivos que explicam a pobreza do Brasil em decorrência da falta de liberdade econômica.

Onde as pessoas não têm liberdade para realizar seus projetos, onde não há segurança jurídica para proteger o seu capital, onde a corrupção e o roubo são acobertados por juízes da primeira à última instância, onde a legislação, proposta e aprovada por políticos socialistas e comunistas, protege os criminosos porque os considera vítimas da sociedade, onde os impostos são tão altos que desencorajam investidores, onde os governantes dão maus exemplos esbanjando dinheiro dos pobres pagadores de impostos, onde não há livre comércio com o exterior, onde há barreiras para o investimento estrangeiro, onde o governo gasta mais do que arrecada, gerando inflação, onde a burocracia asfixia a geração de negócios, onde o salário é tabelado pelo governo, onde a criação de riqueza depende da autorização dos burocratas, é evidente que o desenvolvimento fica prejudicado. Como se vê, os motivos para o Brasil estar atrasado desse jeito são vários. Não precisa ser um gênio para entender isso. Mas aqueles que detêm o poder convencem as pessoas desatentas de que eles é que sabem o que deve e o que não deve ser feito e de que maneira. Não basta entender como a economia funciona; é preciso entender que ela não funciona justamente pela interferência dos políticos. É preciso que escolhamos políticos melhores. É preciso entender antes de tudo que por trás das ações políticas, na maioria das vezes, há intenções particulares dos poderosos que se sobrepõem aos interesses da maioria.

Para compreendermos por que alguns países são mais desenvolvidos do que outros é importante que entendamos o papel que a liberdade econômica desempenha para aumentar o padrão de vida de toda a população. O binômio renda-liberdade econômica está intimamente interligado, como vamos demonstrar mais adiante, com a comparação em base de dados estatísticos e históricos.

Quando um país lá do outro lado do mundo descobre um remédio para uma doença, esse remédio é vendido para todos os países que praticam o Livre Comércio. Quando um país é mais competitivo em alguma atividade específica, os outros países deveriam se aproveitar mais dessa condição e permitir trocas mais intensas. Assim, a evolução e a eficiência seriam compartilhadas com todos os países que não levantam barreiras ao comércio internacional. Não há a necessidade de todos os países reinventarem o mesmo remédio. Seria uma perda de tempo e energia. Tempo e energia que poderiam ser aplicados para gerar outras ideias e outros produtos. Com todos os outros tipos de invenções ocorre a mesma coisa. Seria mais inteligente facilitar o compartilhamento, ou seja, facilitar o comércio mundial, com menos barreiras e mais atrativos. Há países que são mais desenvolvidos e contribuem mais com a evolução mundial, e são justamente aqueles onde a liberdade econômica é mais respeitada. Os que menosprezam a liberdade são os mais atrasados e pobres. Cuba, por exemplo, não contribui em quase nada para a evolução da humanidade. Não permite o Livre Comércio interno e também não tem muita coisa para exportar. O governo cubano e os esquerdistas em geral atribuem o seu atraso ao embargo econômico dos Estados Unidos. Realmente os Estados Unidos impuseram o embargo. Mas isso não impede que Cuba comercialize com todos os outros países. O embargo é uma desculpa dos ditadores cubanos para tentar explicar o seu fracasso econômico. Quando um repórter pergunta a um cubano, em Cuba, por que Cuba está atrasada, ele responde que é por causa do embargo. Além de roubar a liberdade do cidadão, o governo cubano ainda faz uma lavagem cerebral no seu povo. Socialistas ingênuos de fora de Cuba têm a mesma resposta. É a narrativa deles. Para uma grande parte da população cubana os Estados Unidos são o demônio que prejudica o seu povo. Os donos de Cuba querem liberdade para importar dos Estados Unidos, mas não dão a mesma liberdade ao seu próprio povo. Seria contraditório para os Estados Unidos, um país que tem grande apreço pela liberdade individual, facilitar a vida de um governo que escraviza o próprio povo. Os ditadores cubanos não são contra o capitalismo? Então por que tanto interesse nos produtos capitalistas? Isso é contraditório! Se querem produtos gerados pelo capitalismo, então que criem o seu próprio capitalismo. Não tenho dúvidas de que no momento em que Cuba permitir a existência de outros partidos políticos além do Partido Comunista, realizar eleições livres e transparentes, permitir o livre empreendedorismo, soltar os presos políticos, dar liberdade de expressão, os Estados Unidos retiram o embargo no mesmo momento. Veja um documentário sobre Cuba no *link* abaixo. Apesar do visível engajamento ideológico da reportagem, que não explicita a falta de liberdade, vale a pena assistir, só para ver como a vida em Cuba é pobre e difícil.

https://www.youtube.com/watch?v=6VvRvul0ocE

Aqui abaixo o *link* dos comentários de um documentário em que o repórter americano simpatizante do socialismo e que conquistou a simpatia de Fidel Castro, tornando-se seu amigo, pretendia documentar, ao longo do tempo, o triunfo do sistema cubano. No final de quatro décadas acompanhando a história de Cuba sob o regime socialista, parece que ele mesmo se convence de que o socialismo não funciona. Pelo menos foi honesto ao mostrar que ocorreu tudo ao contrário daquilo que ele esperava e acreditava.

https://www.youtube.com/watch?v=WeMoR4uMY5M

A evolução em Cuba parou em 1959, ano em que Fidel Castro impôs a ditadura comunista ao país. A maioria da frota de veículos atual é daquela época. A maioria das construções, outrora imponentes, estão sem manutenção e caindo aos pedaços. Tudo é de todos e ninguém tem nada. Ninguém zela por nada. Tudo é do governo. Não há propriedade privada. Não há trocas espontâneas no mercado. Até as casas e apartamentos em que eles moram são do governo. Não há nenhuma liberdade, por isso é muito pobre.

Cuba.

https://www.bbc.com/portuguese/articles/cljlg8enw46o

Usando os 12 critérios mencionados nas páginas 49 a 52, a Heritage Foundation elaborou uma tabela de classificação dos países segundo o seu grau de liberdade econômica. Veja no *link* abaixo.

https://montecastelo.org/indice-de-liberdade-economica-2024/

Utilizando a tabela de classificação da Heritage Foundation e as informações do *site* do *link* abaixo, montei um quadro comparativo com alguns países e alguns itens de consumo básicos comparando o número de horas de trabalho necessárias para adquirir os produtos, e a posição do país no *ranking* de liberdade econômica.

https://pt.numbeo.com

Podemos notar que no quadro comparativo na página 61 há alguns países com pontuação maior e renda menor do que outros países que têm pontuação menor e renda maior. Isso ocorre porque há um lapso de tempo entre a data em que foi mudada a pontuação (como por exemplo a reforma trabalhista do governo Temer, a reforma da previdência e a lei da liberdade econômica do governo Bolsonaro fizeram aumentar, levemente, a pontuação do Brasil) e o tempo necessário para que a economia reaja às mudanças nas condições de maior liberdade. Mas, agora entrou um governo de extrema esquerda novamente e promete revogar as reformas que apontavam para mais liberdade econômica. Há outros componentes de menor peso, como tamanho do mercado, clima e solo, que também afetam o desempenho da economia. Veja que Singapura tem uma pontuação maior do que os Estados Unidos, porém sua renda é menor. A explicação é que os Estados Unidos são um país que vem há séculos desfrutando de amplas liberdades econômicas, já fundamentadas na cultura, e Singapura adotou as condições de liberdades há pouco tempo. Mas talvez seja uma questão de tempo para Singapura superar a renda *per capita* dos Estados Unidos, desde que Singapura mantenha sua pontuação de liberdade mais alta em relação aos Estados Unidos. O desenvolvimento econômico é lento, principalmente para países de ponta que já estão com suas economias altamente desenvolvidas. Mas um país que esteja com a renda *per capita* muito baixa e adota a liberdade como sua política econômica, o crescimento é muitíssimo mais acelerado do que um país que já esteja mais desenvolvido e com uma renda *per capita* já mais alta. Analisando o quadro comparativo da página 61, temos países como Albânia e Paraguai que estão com desempenhos econômicos semelhantes ao do Brasil, mas que estão classificados com melhor pontuação no *ranking* de liberdade. Sugiro que acompanhemos a evolução desses países em relação ao Brasil. Poderá ser observado que em alguns anos a renda deles subirá mais do que a renda dos brasileiros, e no longo prazo podem até ultrapassar o Brasil em termos do poder de compra, caso as condições de liberdade econômica do Brasil se mantenham como estão hoje. O *ranking* de cada país depende muito das ações do governo eleito. Quando governos de esquerda assumem o poder a tendência é a diminuição da liberdade econômica e a consequente diminuição da renda *per capita* no decorrer do tempo. Tivemos no Brasil no ano de 2022 a eleição de um governo populista de extrema esquerda representado por Luiz Inácio Lula da Silva, do Partido dos Trabalhadores. Em entrevista recente ele afirmou que a democracia é relativa e que tem orgulho de ser comunista. Se ele adotar as medidas que vinha propagandeando na sua campanha eleitoral, como paralisação das privatizações, reestatizações, desrespeito ao equilíbrio fiscal, aumento de impostos, aumento do inchaço do Estado com aumento do número de ministérios, aumento de funcionários públicos, projetos de leis para taxar grandes fortunas e várias outras medidas que tolhem a liberdade econômica, você pode ter certeza de que a renda *per capita* e o poder de compra dos brasileiros vai cair nos próximos anos. Essa perda da renda pode ser mais violenta ou mais suave, dependendo da diminuição mais agressiva ou mais suave da liberdade econômica. Os governos de esquerda, intervencionistas por princípios, acreditam que podem acelerar o crescimento econômico fomentando negócios, colocando mais dinheiro nas estatais e gastando além das possibilidades. O início desses programas de aceleração do crescimento (PACs) causam uma sensação de que está funcionando, as pessoas se sentem com mais poder de compra, mas é uma falsa sensação. É como alguém usar o cartão de crédito gastando além dos seus rendimentos durante alguns meses. Enquanto há limite para usar, o padrão de vida fica mais elevado, o sujeito pode comer "picanha com cervejinha gelada" todo dia, mas vai chegar um momento em que o limite do cartão acaba. Este é o momento em que ele terá uma queda no seu padrão de vida, não apenas por não ter mais limite para usar, mas também porque terá de pagar as faturas do período em que gastou mais do que podia. O resultado de comportamentos como esse sempre será uma recessão, ou seja, uma restrição ao consumo no período seguinte. Com as finanças do país ocorre o mesmo processo. Governos irresponsáveis levam o país à euforia e no período seguinte entram em recessão. São os chamados voos de galinha que já vimos tantas vezes em nosso país.

O *ranking* de liberdade econômica é feito pela avaliação dos países com uma pontuação que vai de zero a 100. Com uma pontuação de 80 a 100 o país é considerado livre; de 70 a 80 o país é considerado majoritariamente livre; de 60 a 70, moderadamente livre; de 50 a 60 o país é considerado não livre e de 0 a 50 é considerado reprimido. Note que o Brasil, que está na posição 124 do *ranking*, com 53,2 pontos, na condição de não livre, está escapando de ser considerado um país reprimido por uma margem bem pequena. Se o país não mudar as suas políticas econômicas na direção de mais liberdade, não vai sair dessa posição ridícula que ocupa. A pobreza da maioria da população brasileira continuará sendo a marca de um país que tem toda a natureza a seu favor para se desenvolver, mas tem uma burocracia, um esquerdismo crônico e uma antipatia ao Livre Mercado que impede as políticas econômicas adequadas. Precisamos conquistar a nossa liberdade.

No quadro da página 61 podemos ver comparações impressionantes pelo tempo que uma pessoa, em cada país, precisa trabalhar para adquirir os bens que deseja. Coloquei ali alguns países e alguns produtos. Vê-se ali no quadro que quanto menos tempo uma pessoa precisa trabalhar para trocar o dinheiro que recebe pelos produtos, maior é a valorização do seu trabalho, e que quanto maior o índice de liberdade econômica menos tempo a pessoa precisa trabalhar para adquirir os produtos. Em outras palavras, quanto maior a liberdade econômica, maior é o salário. Isso são fatos, são dados. É a realidade. Não é conversa de políticos, não é narrativa, não é promessa, não é enrolação. Nós precisamos trabalhar para influenciar as pessoas, para que enxerguem isso, para que votem em políticos que defendam a liberdade. Tudo depende das leis votadas no congresso nacional. Eu fico abismado quando vejo gente graduada e pós-graduada não enxergar o óbvio e pregar o intervencionismo socialista, um sistema escravocrata, nas escolas e universidades. Para constatar o que escrevo, tomemos alguns exemplos: na **Lituânia**, cujo índice de liberdade econômica é de **72 pontos**, com uma classificação de "país majoritariamente livre", e que se encontra na posição **20** na escala da liberdade, uma pessoa precisa trabalhar **22 meses para adquirir um carro** médio zero quilômetro. Na **Argentina**, onde o índice de liberdade é de **49,9 pontos** e que está classificada como país "reprimido", e que se encontra na posição **145** pelo *ranking*, uma pessoa precisa trabalhar **54 meses para comprar o mesmo veículo**. Ou seja, o cidadão argentino precisa trabalhar quase três vezes mais tempo para adquirir o mesmo produto. Na Lituânia, o cidadão troca 1,4 hora de trabalho (**1 hora e 24 minutos**) por **1 kg de carne**. Na Argentina, que sempre foi um país tradicionalmente pecuarista, o trabalhador precisa dedicar 2,3 horas (**2 horas e 18 minutos**) pela **mesma carne**. Um par de **sapatos** na Lituânia custa **13 horas** de trabalho. Na Argentina são necessárias **36 horas de trabalho**. A **Lituânia** está na posição **20** do *ranking*. A Argentina na posição **145**. As comparações são provas irrefutáveis de que a liberdade é a maior promotora da riqueza de uma nação. Então, se você perguntar a um trabalhador brasileiro: o que você prefere? Trabalhar 22 meses em troca de um carro, ou trabalhar 54 meses para ter o mesmo veículo? Pela obviedade da resposta, se ele não lutar pela liberdade, ele é um irracional, ele tem um déficit de inteligência e/ou de informação. É possível analisar todos os países que fazem parte da classificação da Heritage Foundation. E o que têm em comum os países mais ricos do mundo? A liberdade. E o que tem em comum os países mais pobres do mundo? A falta da liberdade.

Para chegar aos valores encontrados na tabela a seguir, use os seguintes critérios para todos os países:

1) Pegue o salário mensal médio do país que você quer pesquisar pelo *site* https://pt.numbeo.com (Neste *site* consta o salário médio e o preço de vários produtos essenciais de que as pessoas necessitam, como alimentação, vestuário, transporte, comunicação, etc., na própria moeda do país. Em alguns casos os preços são dados em dólares ou euros. Então, é só fazer os cálculos diretos sem precisar fazer conversão de moedas, que não raro ficam distorcidas pela interferência dos governos no câmbio. Para montar a tabela escolhi somente três itens e alguns países para não ficar uma tabela muito grande, mas você pode experimentar com outros itens e outros países que constam no *site*.) Como exemplo vamos usar os dados do Brasil. Salário mensal médio: 2.235 reais.

2) Divida o salário mensal por 160 (número de horas trabalhadas em um mês) e você terá o valor do salário por hora. 2.235/160=13,96; então o trabalhador brasileiro recebe em média 13,96 reais por hora.

3) Divida o valor do produto que você quer comprar pelo salário por hora, e você terá o tempo, em horas, que ele precisa trabalhar para adquirir tal produto. Um par de sapatos custa R$ 323,27/13,96=23,15 horas. O brasileiro precisa trabalhar mais de 23 horas para adquirir um par de sapatos.

4) Para um produto de maior valor, como um carro ou um imóvel, basta dividir o valor do carro ou imóvel pelo salário mensal, tudo na própria moeda do país, e temos o número de meses de trabalho necessário para adquirir o veículo ou o imóvel, tornando muito clara a comparação entre os países.

Veja na tabela a seguir que quanto maior a liberdade econômica menos tempo uma pessoa precisa trabalhar para adquirir os produtos de que necessita para viver, ou seja, quanto mais liberdade, mais altos são os salários dos trabalhadores, mais riqueza para todos.

País	Carro em meses	1 kg de carne em horas	Sapato em horas	Heritage foundation *		
				Índice	Posição	
Singapura	25	0,64	3,5	83,9	1	País livre
Lituânia	22	1,4	13	72,2	20	Majorit. livre
Chile	25	3	18	71,1	22	Majorit. livre
EUA	6	0,5	4	70,6	25	Majorit. livre
Uruguai	41	1,7	18	70,2	27	Majorit. livre
Croácia	24	1,6	14	66,4	46	Moder. livre
Albânia	43	3,5	32	65,3	49	Moder. livre
México	27	2,3	17	63,2	61	Moder. livre
Paraguai	47	3	33	61	76	Moder. livre
Filipinas	74	3,3	31	59,3	89	Moder. livre
Jordânia	52	2,8	21	58,8	93	Moder. livre
Marrocos	65	3,5	25	58,4	97	Não livre
Turquia	91	4,3	21	56,9	104	Não livre
Uzbequistão	41	3,6	46	56,5	109	Não livre
Brasil	47	3,2	22	53,5	127	Não livre
Argentina	54	2,3	36	51	144	Não livre
Suriname	98	5,8	67	46,1	163	Reprimido
Argélia	96	7	44	43,2	168	Reprimido
Venezuela	169	5,5	59	25,8	174	Reprimido
Cuba	735	61	273	24,3	175	Reprimido

ECONOMIA EM HORAS DE TRABALHO

https://montecastelo.org/indice-de-liberdade-economica-2024/
https://pt.numbeo.com — Francisco Rypl

Capitalismo / Liberalismo / Individualismo ↕ Intervencionismo / Coletivismo / Socialismo / Comunismo

* Índice de liberdade econômica fornecido pela Heritage Foundation.

No gráfico da página 62 temos o comportamento da classificação de três países no decorrer do tempo em relação à liberdade econômica: Lituânia, Brasil e Venezuela com a variação desde 1995 até 2023.

PONTUAÇÃO GERAL

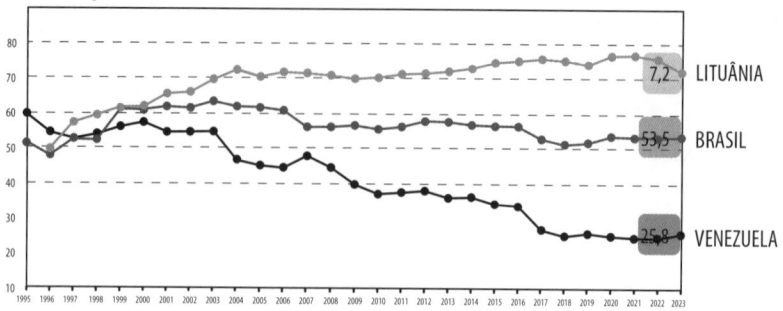

Gráfico mostrando a pontuação geral de 1995 a 2023 para Lituânia (72,2), Brasil (53,5) e Venezuela (25,8).

No *link* abaixo podem-se fazer comparações sobre o *ranking* de liberdade econômica entre todos os países avaliados pela Fundação.

https://www.heritage.org/index/

A Lituânia, vista na parte superior do gráfico acima, fazia parte da URSS (União das Repúblicas Socialistas Soviéticas) até 1990, quando, em função da Perestroica de Mikail Gorbachov, conseguiu a sua independência. Figurava como país reprimido e com sérias dificuldades econômicas. O seu povo era pobre como é o padrão dos países socialistas. A partir de então começou a crescer no *ranking* de liberdade econômica com reflexos no padrão de vida da população. Subiu de 49 pontos para 72,2 pontos, ou seja, de país reprimido para país majoritariamente livre. Hoje a Lituânia ocupa o vigésimo lugar no *ranking* e é um dos países mais prósperos do mundo, com uma população que trabalha cada vez menos para comprar cada vez mais coisas de que necessita, ou seja, seus salários sobem vertiginosamente.

O Brasil, visto no mesmo gráfico, não teve o mesmo desempenho. Até 2002, quando atingiu 61,5 pontos na classificação da liberdade, muito em função das privatizações, de uma melhor estabilidade monetária e um maior ajuste das contas públicas, ainda que à custa do aumento da carga tributária, feitas por Fernando Henrique Cardoso, parecia que o Brasil ia tomar o mesmo rumo da Lituânia e de outros países que também enxergaram a liberdade econômica como solução. Mas, logo que o PT assumiu o poder, em 2002, o gráfico da liberdade não cresceu mais, foi diminuindo ano após ano até chegar em 53,2 pontos, que é onde estamos hoje. A Lituânia ultrapassou o Brasil no *ranking* de liberdade econômica e hoje ostenta um padrão de vida muito superior ao do brasileiro. Por isso que no Brasil o trabalhador precisa trabalhar, praticamente, o dobro do tempo do trabalhador da Lituânia para adquirir o mesmo produto. É só comparar no gráfico.

Agora, o caso mais triste dos três que aparecem no gráfico (há casos mais tristes ainda): a Venezuela. Esse país era um dos mais prósperos do mundo. Em 1995 figurava com 60 pontos no *ranking* de liberdade econômica. Não era uma pontuação de causar inveja, mas a mudança que necessitava não era a de diminuir a liberdade, e sim de aumentá-la. Então, em 1998 foi eleito Hugo Chaves, que prometeu implantar o socialismo do século XXI. Prometeu e cumpriu, e o socialismo do século XXI funcionou como em tantas outras vezes pelo mundo. Levou aquele belo país à miséria e à repressão política. Hoje o país é considerado "reprimido", com apenas 28,1 pontos no *ranking* de liberdade econômica, com a maioria da população passando fome e milhões de pessoas fugindo para os países vizinhos em busca de comida. Há algo mais básico para a sobrevivência do ser humano do que a alimentação? Pois nem isso o socialismo consegue proporcionar, quanto mais as outras facilidades de vida e confortos que só o capitalismo de livre mercado consegue proporcionar.

Toda essa análise econômica até aqui levou em consideração apenas o aspecto utilitário para explicar o resultado do sistema de Livre Mercado. Mas há que se analisar também, e até dando mais importância, o aspecto imoral de sistemas que roubam a liberdade dos indivíduos. Sem liberdade a sociedade não progride. A proibição da aplicação das aptidões e do esforço individual para o provimento das próprias necessidades é uma violência contra o indivíduo, e é precisamente isso que o intervencionismo e o socialismo fazem.

OS PESSIMISTAS

Sempre houve e ainda há uma turma de pessimistas sempre alardeando uma piora nas condições de vida da população. Mas isso nunca se confirmou e não se confirmará se os governos não impedirem a iniciativa individual. Não é de hoje que mantras negativistas são repetidos diariamente no cotidiano da sociedade. As pessoas simplesmente repetem que "não sabem onde este mundo vai parar". Falam da carestia, falam que o homem está acabando com o planeta e das dificuldades da vida em geral. Repetem aquilo que ouvem dos anticapitalistas espalhados pela mídia, pelas universidades, pelos artistas e pelos *intelectuais*. Há bastante tempo que os pessimistas andam pelo mundo alardeando sobre catástrofes iminentes. Geralmente são pessoas que não acreditam na capacidade humana de resolver os problemas. Eles se autoconsideram acima da média da população. Acreditam que o povo não pode ter muita liberdade porque não vai saber usá-la. E acreditam que os políticos é que vão resolver tudo.

> As justificativas para o pessimismo mudaram de acordo com a moda, mas o pessimismo se manteve constante. Nos anos 1960, a explosão populacional e a fome global estavam no topo da lista; nos anos 1970, a exaustão de recursos; nos anos 1980, a chuva ácida; nos anos 1990, pandemias; nos anos 2000, aquecimento global. Um por um desses medos vieram e se foram. (Ridley, p.285)

Thomas Malthus, que viveu entre o final do século XVI e início do século XVII, já previa uma incapacidade humana em prover alimentação para uma população em alto crescimento. Sua teoria dizia que a população crescia em ritmo de progressão geométrica (multiplicando) e a produção de alimentos em ritmo de progressão aritmética (somando) e com isso a pobreza, a fome e a morte eram o destino da humanidade. Claro que a sua teoria não se concretizou, pois, o percentual da fome no mundo vem diminuindo século após século, década após década, ano após ano, nitidamente, nos países mais livres. Malthus não percebia a incrível capacidade humana de inovar e resolver os problemas. A falta de conforto, de saneamento, de produtos básicos, a fome e a miséria são ultrajantes nos países onde a intervenção socialista ainda persiste, e a liberdade não vigora.

> Tenho notado que não é o homem que mantém a esperança quando os outros se desesperam, mas sim o homem que se desespera quando os outros têm esperança que é admirado como sábio por um grande número de pessoas. (John Stuart Mill, apud Ridley, p.283)

Um episódio bem recente vem confirmar as palavras de Mill durante a pandemia da Covid-19. Átila Iamarino, biólogo formado na USP, fez uma previsão de 3 milhões de mortes em decorrência da pandemia de Covid-19 no Brasil. Foi o suficiente para ser reconhecido como o maior conhecedor do assunto por todos os grandes canais de televisão, todos os grandes jornais e revistas do país e com isso ganhar fama, notoriedade, prestígio, dinheiro e milhões de seguidores nas mídias sociais. Quem falasse o contrário e apresentasse tratamento alternativo (mas não excludente) às vacinas experimentais, era apontado como genocida, negacionista e massacrado em todos os meios de comunicação. Jornalistazinhos recém-saídos da doutrinação socialista das universidades *sabiam* mais de medicina do que médicos renomados e cientistas consagrados e experimentados. Por trás disso a maioria dos alarmes pessimistas tem origem política. Assim, convencendo as pessoas de que o país e o mundo vão muito mal, mesmo que não seja verdade, eles ao mesmo tempo se apresentam como soluções para resolver todos os problemas do país com mais burocracia, mais governo e menos liberdade. Mas, apesar dos pessimistas, dos governos e da imprensa enviesada, o mundo melhora a cada ano, a cada mês, a cada dia, sempre onde haja mais liberdade e menos governo.

https://revistaoeste.com/brasil/coronavirus-brasil/covid-19-atila-iamarino-projetou-3-milhoes-de-mortes-no-brasil/

    O que atrapalha o enriquecimento da população é que há sempre alguém interferindo no trabalho das outras pessoas, roubando a sua liberdade. O governo, principalmente quando é de esquerda, quer ditar o que deve e o que não deve ser produzido. Então, ele dificulta para alguns produtos e algumas empresas aplicando alíquotas de impostos mais altas a fim de desencorajar tais produtos. Cria regras trabalhistas, burocracias e dificuldades que inibem, desencorajam e inviabilizam os empreendedores e os inovadores. Há uma piada que diz que se Thomas Edison, inventor da lâmpada elétrica, tivesse nascido no Brasil, ainda estaríamos usando a gordura das baleias para acender as velas de iluminação. É uma piada, mas é a realidade. Cientistas brasileiros e investidores privados criaram uma água mineral a partir da água do mar através de um processo usando a nanotecnologia para a filtragem da água salgada. É uma água melhor que as naturais porque a água do mar contém sais minerais que não há nas naturais. E o processo nanotecnológico consegue controlar quais os que devem ficar na composição dessa água. Os inventores lutaram por dois anos para registrar o produto e obter a **autorização** para a produção e a comercialização no Brasil. **Não conseguiram**. O que eles fizeram? Levaram o seu invento para os Estados Unidos. Lá, em um mês a água já estava nas lojas à disposição dos consumidores americanos. Então, não é por acaso que o Brasil é atrasado em tudo. Os Estados Unidos estão a nossa frente em tudo que se possa imaginar. Lá a iniciativa privada funciona, tem liberdade. Aqui parece que o burocrata tem inveja de quem inventa alguma coisa interessante, e proíbe a fabricação. A burocracia brasileira ancorada em leis estapafúrdias, criadas pela esquerda, que proíbem a iniciativa privada de criar e produzir coisa novas é um dos principais motivos do nosso atraso tecnológico e civilizatório.

Moradores de Miami... poderão... levar pra casa uma nova garrafa de água mineral, a H$_2$Ocean... água do mar, com aplicação da nanotecnologia... Em 2003, eles conseguiram a patente do processo e passaram a bater de porta em porta para tentar comercializar a água no Brasil... A empresa procura a ANVISA... A resposta teria sido a de que não há legislação específica no Brasil.[5]

Outro câncer brasileiro são os sindicatos. Há uma crença generalizada de que os sindicatos trabalham para melhorar a vida dos trabalhadores. É chocante o que vou dizer agora: Os sindicatos só prejudicam os trabalhadores. Eles impedem o funcionamento do Livre Mercado de trabalho. O sindicalismo só é bom para os sindicalistas. Antes havia uma lei no Brasil que obrigava todos os trabalhadores a entregarem um dia do seu trabalho para o sindicato. Os sindicatos arrecadavam muito dinheiro. Os seus dirigentes recebiam salários astronômicos. Com a reforma trabalhista foi revogada a obrigatoriedade de contribuição dos trabalhadores aos sindicatos. Os sindicatos perderam a força de interferir no mercado de trabalho. Os sindicatos, algumas vezes com o intuito de beneficiar os trabalhadores, reivindicam, sob a ameaça e mesmo realizações de greves, aumentos de salários que não podem ser suportados pelas empresas, que muitas vezes são micro e pequenas empresas. Essa corda esticada na questão salarial leva, muitas vezes, à estagnação ou até mesmo ao fechamento de inúmeras microempresas. Com um número menor de empresas, logicamente, há um número menor de vagas de trabalho. Se as empresas pudessem contratar por salários livres, que pudessem ser menores do que os salários tabelados e menores do que os pisos das categorias de trabalhadores, haveria mais empresas oferecendo vagas de emprego. Essas pessoas, mesmo com salários menores, estariam ajudando a aumentar o PIB. Quando o PIB aumenta, automaticamente há mais produtos à disposição da população. Com mais produtos os preços caem. Se os preços caem, mesmo que não haja aumento nominal no salário, o seu va-

---

[5] https://inventores.com.br/h2ocean/

lor verdadeiro é mais alto porque compra mais coisas com o mesmo valor que estava. A liberdade funciona como um motor de arranque para o próximo estágio ganhar força e velocidade. Todas as pessoas que não produzem, mas que vivem às custas de quem trabalha, como governantes e sindicalistas, querem que as pessoas acreditem que as coisas melhoram porque eles criam leis favoráveis. Eles fazem parecer que são responsáveis por coisas que já iriam acontecer. Claro que a melhora é uma coisa lenta, de longo prazo, vai melhorando aos poucos. Se tivéssemos começado a fazer a coisa certa há dez ou vinte anos, hoje a situação estaria muito melhor do que está. Mas como está hoje, com milhões de pessoas dependendo do governo para sobreviver, essas pessoas não têm futuro.

A ocupação das pessoas deve ser produtiva. Quando governos criam vagas de trabalho apenas para gerar emprego, para manter pessoas ocupadas, ele está atrasando o progresso e prejudicando o enriquecimento da população. Governos fazem isto para se tornarem populares. Isso se chama populismo de esquerda. O populismo de esquerda ganha força quando a população é ignorante frente às questões econômicas. Mas, o populismo em si não é ruim. Ele é ruim quando o povo é ignorante e pode ser facilmente ludibriado. Quando a maioria do povo for esclarecido e entender as leis econômicas, o liberalismo será popular. Pregar o Livre Mercado será considerado populismo. Será a popularização do liberalismo, que trará riqueza e prosperidade. Sim, isso vai acontecer um dia. É pra isso que eu escrevo, é nisso que eu acredito. Isso está mais perto do que nunca. Sou um otimista.

Sabe aquele passarinho que entra em nossa casa por engano, não consegue sair e você quer ajudá-lo a encontrar a porta de saída? E ele fica voando para todos os lados batendo no vidro, se machucando, ficando cansado, e você tenta empurrá-lo para a liberdade, mas ele não entende. Assim é a maioria dos socialistas, comunistas e esquerdistas em geral, menos aqueles que habitam a cúpula. Aqueles desfrutam do bom e do melhor às custas de uma população ignorante e empobrecida.

EGOÍSMO OU ALTRUÍSMO?

Qual a diferença entre um empresário ambicioso que monta negócios para ganhar dinheiro e um herdeiro altruísta que distribui a sua fortuna entre a população necessitada? Qual deles causa efeito mais positivo na sociedade? A maioria da nossa intelectualidade representada pelos meios de comunicação, pelas universidades, pelos professores e pelos artistas dedicam muito mais respeito pelo altruísta. "Este, sim, merece respeito. É de gente assim que o mundo precisa", dizem eles. E o empresário é visto como um vilão a quem é atribuída a pobreza dos outros. Uma visão distorcida sobre a realidade baseada na ideologia marxista e no *politicamente correto*.

Marlene Engelhorn é herdeira da multinacional BASF, uma empresa alemã ligada ao agronegócio. Marlene herdou uma fortuna ao redor de 4,2 bilhões de euros. Segundo suas declarações, ela não sabe o que fazer com tanto dinheiro.

> Quando veio o anúncio [da herança], percebi que eu não poderia ficar feliz com isso. Eu pensei comigo mesma e cheguei à conclusão que algo estava errado e, por isso, deveria fazer alguma coisa a respeito. O autor Bertolt Brecht sempre me vinha à mente: "Se eu não fosse pobre, você não seria rico". Então comecei a levar isso a sério, acrescentou, dizendo que a riqueza individual está "estruturalmente ligada à pobreza coletiva".
>
> Fonte: https://forbes.com.br/forbes-money/2022/08/por-que-a-herdeira-da-basf-abriu-mao-de-uma-fortuna-bilionaria/

Está claro que ela não é uma empreendedora como foram seus avós e seus pais, além de não entender como a economia funciona. Este é um dos maiores problemas enfrentados pelas empresas, porque muitas delas não têm sucessores à altura para dar continuidade aos empreendimentos. Gente que tenha a capacidade de continuar gerando empregos, criando soluções e inovações para melhorar o mundo. Parece que seus pais não conseguiram prepará-la para a sucessão. Percebe-se claramente que ela foi cooptada pela onda mundial anticapitalista, pelo politicamente correto, pelo ambientalismo religioso, pelo marxismo cultural. Atribuir a riqueza de alguns à pobreza de muitos é de uma ignorância sem tamanho. Não é só o Brasil que perdeu a guerra cultural para o marxismo. Isso é uma onda diabólica mundial. O mundo está desse jeito por causa da paradoxal burrice dos intelectuais que fazem a cabeça de gente que não usa a razão, o raciocínio lógico, não usa o próprio cérebro e apenas segue como gado rumo ao matadouro. Ao contrário do que pensa a inocente e incompetente Engelhorn, o mundo precisa muito dos empreendedores, e precisa respeitá-los, deixá-los fazer. "O primeiro passo para acabar com a pobreza é ter respeito pelo criador de riqueza." (Roberto Campos)

Na verdade, a herdeira alemã não merece, mesmo, receber a fortuna. Capital nas mãos de incompetentes vira poeira, não causa nenhum efeito multiplicador e duradouro na sociedade.

> Só o homem que não precisa da fortuna herdada merece herdá-la – aquele que faria sua fortuna de qualquer modo, mesmo sem herança. (Rand, p.429)

Vamos analisar, em primeiro lugar, o comportamento do empresário ambicioso e as consequências das suas ações egoístas. Digamos que ele seja um construtor de prédios comerciais e de apartamentos de moradias. O primeiro passo para construir o prédio é ter adquirido um terreno apropriado, com capital previamente acumulado ou financiado por terceiros, e contratar engenheiros e arquitetos para elaborar os projetos estrutural e arquitetônico. Antes de iniciar a obra ele precisa vencer toda a burocracia exigida pelo governo: aprovação do projeto na prefeitura, licenças ambientais, alvarás... Todos os custos dessa burocracia tais como taxas e licenças têm um custo que deve ser bancado pelo empresário. Veja que o governo já começa a arrecadar mesmo antes de qualquer coisa existir. Depois de resolvida toda a burocracia, o que pode levar alguns meses (ou anos), a obra poderá, enfim, começar. Antes de iniciar a construção do seu empreendimento, o empresário precisa contratar funcionários: topógrafos, pedreiros, ajudantes de pedreiros, supervisores de obra, secretários, almoxarifes, montar um setor de compras, contratar um escritório de contabilidade, etc.

Passado o primeiro mês depois de iniciada a obra, ele terá de pagar os salários dos seus colaboradores. Quando os seus colaboradores recebem os salários, eles vão ao supermercado, à fruteira, à padaria, ao açougue, ao cabeleireiro, à loja de móveis e eletrodomésticos e onde mais eles queiram trocar o seu dinheiro pelas mercadorias e pelos serviços de que eles necessitam. O dono do supermercado terá de comprar mais panelas, mais desodorante, mais alimentos, mais produtos de limpeza e tantos outros itens dos seus fornecedores. O dono da fruteira adquire mais laranjas, mais bergamotas, mais alfaces, mais tomates... O hortifrutigranjeiro, para atender ao aumento da demanda da fruteira, aumenta a sua área de plantio, adquirindo mais adubos, mais sementes... O dono da padaria terá de comprar mais farinha, mais fermento, mais açúcar, mais sal e tudo o mais necessário para elaborar bolos, pães, cucas, etc. Os fornecedores da padaria também replicarão seus pedidos aos seus fornecedores. O açougueiro terá de comprar mais carne de gado, de galinha, de porco. Estes por sua vez irão comprar mais ração, mais remédios, enfim mais insumos para manter as criações. O cabeleireiro vai poder sustentar a sua família, gastando em incontáveis itens. A loja de móveis causa efeito em centenas ou milhares de outros fornecedores.

Mas, antes de iniciar a obra, o proprietário teve de ir comprar ferro de construção, cimento, areia, brita, etc. A fábrica de ferro teve de encomendar mais minério de ferro, a fábrica de cimento teve de buscar mais argila, mais calcário, mais clínquer e mais gipsita. O fornecedor de areia teve de aumentar a produção e o de brita também.

Nos meses seguintes o processo se repete, porém com aumento gradativo do número de itens que o empresário terá de adquirir no mercado: tijolos, materiais elétricos, portas, janelas, tintas, materiais de acabamento, impermeabilizações, etc.

E esse processo não para. O efeito em cadeia em toda a economia é interminável. Ele continua se alastrando em todos os setores, e as pessoas vão se beneficiando do dinheiro previamente economizado (acumulado) pelo dono do prédio, que agora circula por toda a economia. É incalculável o número de pessoas beneficiadas quando um empresário acumula capital e depois o investe numa construção, numa fábrica ou em qualquer empreendimento. E tudo isso acontece porque o empresário ambicioso e egoísta resolveu construir um prédio com o dinheiro que havia economizado com o objetivo de fazer mais dinheiro. Depois de ter provocado um fomento extraordinário em todos os ramos da economia nas redondezas, e talvez até em lugares distantes, como outros países, onde todos os participantes levaram vantagem, ao ter construído o seu prédio e vendido tudo, o empresário terá recuperado o seu capital com lucro para iniciar outro empreendimento, ainda maior do que o anterior, que vai gerar mais empregos diretos do que o empreendimento anterior, que vai causar um efeito na economia maior do que o anterior. Isso é o que se chama de crescimento econômico. Sem ter o capital parcimoniosamente acumulado para bancar toda a obra ou talvez o capital acumulado de terceiros que lhe confiaram os empréstimos, como seria possível adiantar por longos meses os salários dos seus funcionários e a compra dos materiais para construir o prédio? Sempre é bom lembrar que Marx é contra a acumulação de capital e os marxistas de hoje querem fazer cumprir a sua vontade, punindo os empreendedores com impostos sobre grandes fortunas, impostos progressivos e revogar o direito a herança. Querem destruir o sistema de acumulação de capital, ou seja, querem destruir o mecanismo do crescimento econômico.

Há gente que acha que tachando e expropriando os ricos vai melhorar a vida dos pobres. E é gente que tem poder, como presidente da República e ministros poderosos. A Janja, mulher do Lula, disse que quem paga o imposto é a empresa, naquele caso da

Shopee (sobre importações de mercadorias), ignorando que todos os impostos cobrados da empresa são repassados para os preços finais das mercadorias. E não há como ser diferente. Essa gente tosca, semianalfabeta, que nos governa, não sabe que todos os custos de produção e comercialização são repassados para os consumidores? Sabem, sim. Mas o que eles querem é iludir os mais humildes, mentir para conquistar o seu apoio nas urnas. Colocar a culpa nos empresários como repete, igual papagaio, a rica herdeira e analfabeta econômica alemã, Marlene Engelhorn, é de uma ignorância assustadora. Os ricos, donos de empresas não vão baixar o seu padrão de vida por causa da sanha confiscatória desses governos de extrema esquerda. O que vai ocorrer, se os ricos forem sobretaxados, é que haverá menos ricos, e menos empreendimentos serão iniciados, menos empregos serão gerados e menos produtos serão fabricados, ou seja, menos riqueza será criada. Quem se prejudica com impostos altos são sempre os mais pobres, mesmo que os impostos sejam cobrados dos ricos. E quanto mais esses governos socialistas, como este governo do Lula, avançarem sobre os criadores de riquezas, maior será a pobreza da população. E pode chegar ao ponto da eliminação da iniciativa privada. Mas, no final das contas, é isso mesmo que eles querem. Eles sonham em eliminar as empresas privadas e implantar o socialismo, um sistema de escravidão, assassino, cruel e empobrecedor.

Agora vamos observar os resultados da ação do altruísta herdeiro de uma fortuna. Ele não é egoísta, não é ambicioso, então não vai investir em nenhum negócio lucrativo. O primeiro resultado negativo é que ele não vai gerar nenhum emprego direto, não vai criar nenhum bem durável, não vai aumentar o número de moradias existentes no país, não vai montar uma fábrica de nenhuma espécie, não vai produzir nada, não vai aumentar a concorrência para nenhum produto, não vai contribuir para aumentar a produção e a produtividade, não vai criar riqueza, não vai fazer o crescimento econômico. O dinheiro que ele distribui como caridade será todo consumido de imediato, e nada investido em um projeto de médio ou longo prazo. Claro que isso também cria empregos indiretos, movimenta as cadeias de produção, porém terá duração limitada, porque é direcionado apenas para o consumo. Não carrega aquela semente, o lucro, para a multiplicação futura. Terá fim quando acabar o dinheiro da herança. Como disse Thatcher, "O socialismo acaba quando acaba o dinheiro dos outros". E uma fortuna como a dessa herdeira dividida por milhões de pessoas representa muito pouco na vida de cada um, não resolve a vida de ninguém. Os 4,2 bilhões de euros divididos por 83,8 milhões de alemães dá em torno de 50 euros para cada um. E não estou dizendo que não se deve ajudar os necessitados. A caridade é um gesto humano de amor. Quando você faz uma doação, você se sente mais humano, mais importante, mais feliz. Mas mais emocionante e recompensador ainda é ver uma pessoa sair feliz do seu trabalho, com dignidade no olhar, sabendo que produziu algo importante para a sociedade e fez por merecer aquilo que leva para a sua casa. Se todos os ricaços do mundo fecharem os seus negócios e doarem suas fortunas aos pobres, o mundo entrará em colapso, e bilhões de pessoas morrerão de inanição.

No entanto, quando a caridade for realmente necessária, ela não pode ser feita no atacado, como os governos vêm fazendo, cujo único critério para receber a ajuda seja ser pobre. Há muita gente pobre, mas que tem condições e vontade de trabalhar. Mas qual ser humano que recebe um valor mensal fixo de graça terá incentivo para conquistar o seu dinheiro trabalhando, sendo que pode ficar em casa dormindo sem fazer nada? São poucos. E aqui preciso fazer uma distinção entre o ser humano empreendedor e o ser humano acomodado. Os empreendedores são uma minoria. A maioria dos seres humanos prefere levar uma vida sem muito estresse, sem se incomodar, sem correr riscos. Mas eu calculo que os empreendedores de sucesso se constituem de não mais de dez por cento da população, em média, porque esse percentual pode variar em função das barreiras erguidas pelos governos. Quanto mais dificuldades são criadas para os empreendedores, menor o número dos que se arriscam a montar o próprio negócio, e menos negócios são criados, e menos empregos são gerados, e menor é o crescimento econômico, e, além de aumentar o número de desempregados, os salários dos que estão empregados ficam menores, pois o empregador pode trabalhar com salários menores porque, caso alguém peça demissão, não haverá dificuldades em repor a vaga porque há uma multidão de desempregados na fila de espera. E não se pode culpar os empreendedores pelas suas ações nesse sentido, porque eles estão tentando ser o mais eficientes possível. A culpa é toda do governo. Quando as barreiras erguidas pelo governo fazem diminuir o número de empreendedores, desencorajando-os, o resultado é que há muito mais gente procurando emprego do que gente oferecendo emprego. E quais são as principais barreiras erguidas pelo governo? As barreiras mais importantes que vejo são a existência de um salário mínimo tabelado pelo governo, os aumentos constantes da carga tributária e sua complexidade, a legislação trabalhista e insegurança jurídica. Há muitos microempreendedores cujos negócios não geram renda suficiente para pagar um salário mínimo com todos os seus encargos. Se fosse permitido um salário menor acertado entre o empregador e o funcionário, de acordo com as possibilidades existentes, e com encargos menores, haveria uma enorme geração de empregos.

E o governo, da mesma maneira que o altruísta, gasta o dinheiro dos impostos em coisas improdutivas. Funcionários públicos em excesso, privilégios (principalmente no Judiciário), distribuição de dinheiro para os pobres (compra de votos), consumo de tudo que é tipo de mercadorias e insumos para os seus funcionários, pagamento de juros aos banqueiros (paga juros porque pediu emprestado; gastou sem ter o dinheiro) e tantas outras coisas improdutivas. E nos últimos tempos vem sendo muito falado sobre a instituição do imposto sobre grandes fortunas e alta taxação das heranças. Da mesma maneira como o altruísta distribui o dinheiro, o governo, como sempre faz, vai enfiar o dinheiro desse imposto em coisas improdutivas. O imposto sobre grandes fortunas vai diminuir o investimento em projetos produtivos, ou seja, vai diminuir a oferta de empregos, diminuir os salários e aumentar a pobreza.

Mas por que o governo vive sempre pagando juros? Porque não consegue pagar o principal. Se o governo paga juros desde sempre, significa que não consegue acumular capital. É um problema intrínseco aos governos, porque os políticos estão sempre prometendo o que não podem cumprir. A corda está sempre esticada para o lado da gastança irresponsável. Então, não sobra quase nada para investir em coisas produtivas, e o efeito econômico é o mesmo do milionário altruísta, ou seja, o dinheiro também circula na economia, mas não tem o efeito de multiplicação na economia como tem o investimento egoísta.

O imposto sobre grandes fortunas vai ter o mesmo efeito causado pelos altruístas na distribuição de dinheiro. O efeito negativo vem pelos dois lados: além de impedir o efeito positivo do capital já acumulado pelo rico, que iria investir em algum negócio produtivo e gerador de empregos, há também o efeito negativo de afastar os empreendedores mais bem-sucedidos para outros países. Sempre é bom lembrar que o rico egoísta não come o capital; ele põe o capital para gerar mais riqueza e mais empregos. É o círculo virtuoso. Você pode ter antipatia pelo rico egoísta, que algumas vezes é um verdadeiro boçal, mas é graças a ele que sua vida melhora a cada dia. Nesse sentido, o mundo precisa de mais egoísmo e menos altruísmo.

O MARXISMO

Cubanos fugindo do socialismo de Cuba.
Fonte: https://noticias.r7.com/jr-na-tv/videos/cubanos-que-tentam-fugir-da-ilha-ficam-a-deriva-e-sao-resgatados-por-navios-de-cruzeiro-27082022

O *Manifesto do Partido Comunista* foi escrito em 1848 por Marx e Engels, onde eles relatam, com precisão, o impressionante desenvolvimento da economia capitalista e fazem despertar nas classes menos abastadas a inveja sobre os proprietários das manufaturas, fomentando desde então uma luta de classes onde eles previam a "eliminação da burguesia e a vitória do proletariado". Na descrição do capitalismo, de como ele gera riqueza, acertaram em cheio. Na previsão da sua derrocada, erraram feio porque até agora não aconteceu; pelo contrário, onde o capitalismo é permitido, o povo é rico. No panfleto de 1848 eles fornecem o apoio de que os invejosos precisam para justificar o seu ódio contra os mais bem-sucedidos, os *burgueses*. O objetivo dos comunistas é tomar o lugar dos empresários, acabar com a concorrência, ser os donos efetivos das empresas e escravizar a população. Foi isso que fizeram na União Soviética, na Coreia do Norte, em Cuba e onde quer que tenham tomado o poder.

Em uma palavra, criticai-nos por querermos suprimir vossa propriedade. Efetivamente, é isso que queremos. (Marx e Engels, p.51)

Marx considera todo trabalho assalariado prestado a um empregador como sendo um trabalho escravo, exploração do homem pelo homem, o opressor contra o oprimido. Prega a autossuficiência ou apenas as trocas do trabalho individual. Ele condena a manufatura e a indústria de alta produção. Assim, ele está condenando a especialização individual, a divisão do trabalho, a vantajosa cooperação social, as trocas espontâneas, de uma forma mais ampla. Entretanto, em um sistema liberal não há proibição para que uma pessoa se negue a trabalhar para outra, ou para uma empresa. Ela pode ser autossuficiente, se quiser. Ninguém a proíbe. Ela tem liberdade. E a liberdade é o direito individual mais importante depois do direito à vida. No entanto, qualquer relação de trabalho remunerado é considerada por Marx como trabalho escravo. Essa falação comunista vem contaminando uma parcela considerável da população que considera algumas relações de trabalho onde algumas exigências da legislação (marxista) não esteja presente, como trabalho escravo. Ora, trabalho escravo ou análogo ao trabalho escravo é quando uma pessoa é obrigada, sob ameaça de violência, a trabalhar sem receber salário, quando essa pessoa é considerada propriedade de alguém, quando pode ser vendida, quando tem sua liberdade tolhida sob ameaça física ou impedida de sair, fisicamente, do seu local de trabalho. Os marxistas estão obtendo muito sucesso, ultimamente, criando legislações, aparentemente inofensivas à liberdade, mas que caminham para a destruição do Livre Mercado, tudo de acordo com as recomendações de Karl Marx.

Marx considera que a família é a base do capitalismo. E para que o comunismo tenha sucesso é necessária a eliminação da família tradicional. Por isso que vemos a extrema esquerda, ainda hoje, em obediência ao seu mestre, trabalhando para a destruição da família.

> Supressão da família! Até os mais radicais indignam-se com essa perigosa proposta dos comunistas. No que repousa a família atual, a família burguesa? No capital, no lucro privado. A família, em sua plenitude, existe apenas para a burguesia; mas encontra seu complemento na ausência forçada de família, imposta aos proletários, e na prostituição pública. A família do burguês desmorona evidentemente com o desmoronamento de seu complemento, e ambas desaparecem com o desaparecimento do capital. (Marx e Engels, p.53 e 54)

Se você é daqueles que não acreditam na influência marxista no nosso cotidiano, veja abaixo as 10 principais recomendações de Marx sendo seguidas pelos nossos políticos esquerdistas, sendo apoiadas por simpatizantes, sendo divulgadas pelos *intelectuais*, sendo ensinadas nas universidades, sendo transmitidas na cultura e adotadas até por alguns não esquerdistas que não se deram conta do caminho em que tentam nos colocar.

> O proletariado utilizará seu poder político para arrancar pouco a pouco todo o capital da burguesia, para centralizar todos os instrumentos de produção nas mãos do Estado... através de medidas que parecem economicamente insuficientes e insustentáveis, mas que se superam a si próprias no desenrolar do movimento... de um modo geral podem-se aplicar as medidas seguintes: (Marx e Engels, p.59, 60, 61)
>
> 1) Expropriação da propriedade fundiária e utilização da renda resultante para as despesas do Estado

O socialismo é a abolição da propriedade privada, onde tudo pertence ao Estado. O comunismo é a abolição da propriedade privada e extinção também do Estado. Logo, o socialismo é a metade do caminho para o comunismo. Por enquanto ainda estamos na social-democracia no Brasil, que é um estágio antes do socialismo. Por incrível que pareça, há quem, ainda hoje, sonha em implantar o comunismo no Brasil. Isso é feito de maneira sorrateira, fingindo que será tudo muito democrático. Mas eles seguem ao pé da letra as orientações marxistas da eliminação de pessoas inconvenientes aos seus planos. O MST age sem nenhum constrangimento. E o MST é um braço do PT, sustentado pelo PT por vias tortas, que hoje governa o país. O MST é a organização que pretende cumprir essa primeira medida marxista em direção ao socialismo e posteriormente ao comunismo.

Fonte: https://mst.org.br/2021/02/19/manifesto-comunista-nos-inspira-a-pensar-nossa-realidade-e-a-transforma-la/

2) Imposto acentuadamente progressivo

Aqui mais uma receita marxista sendo seguida. O imposto progressivo é altamente prejudicial ao capitalismo. Ele agride fortemente a acumulação de capital, a poupança privada. Onde será que é o melhor lugar para o capital? Nas mãos dos seus verdadeiros donos ou entregue nas mãos dos políticos socialistas? Pois, o PSOL, seguindo as orientações marxistas, associado a outros partidos de extrema esquerda, pretende aumentar o imposto progressivamente.

> O partido sugere a regulamentação do imposto sobre grandes fortunas... Esse novo imposto teria alíquotas de 1% a 5%. Para o partido, este é o ponto mais importante de sua proposta, que representa uma antiga bandeira desses parlamentares. Também seria reformulado o Imposto Territorial Rural (ITR), que teria a carga aumentada. "Devemos tributar adequadamente as grandes propriedades rurais", apontou a líder do partido, deputada Luciana Genro (RS). O PSOL ainda quer aumentar dos atuais 15% para 30% a alíquo-

ta da Contribuição Social sobre o Lucro Líquido (CSLL) cobrada do sistema financeiro.[6]

3) Supressão do direito de herança

Marx sabia muito bem que suprimindo a herança estaria ferindo de morte a família e a acumulação de capital, que ele tanto odiava. Mas, ao contrário do que prega Marx, uma sociedade não progride sem a acumulação de capital. Há projetos de leis tramitando no Congresso Nacional que visam ao aumento progressivo sobre a taxação das heranças. Tratei da importância da acumulação de capital no livro *É por isso que o Brasil não vai,* Editora AGE, segunda edição, de minha autoria, na página 39.

Uma das principais definições sobre o tema é que o ITCMD (Imposto de Transmissão Causa Mortis e Doação) será aplicado de forma progressiva em razão do valor da herança ou da doação.[7]

4) Confisco da propriedade de todos os emigrantes e rebeldes

Em relação ao Brasil, esta parte fica mais para a frente, quando, ou se, os comunistas do PT, PSOL, PC do B, PDT e PSDB tomarem o poder definitivamente. Em Cuba, por exemplo, já executaram essa recomendação de Marx há mais de 60 anos, na Venezuela está bem adiantado e na Argentina estava em andamento. Espero que Javier Milei, recém-eleito, possa reverter a situação dos irmãos argentinos.

5) Centralização do crédito nas mãos do Estado, por meio de um banco nacional com capital estatal e monopólio exclusivo

É uma medida para ser tomada mais para a frente também. Um monopólio de crédito estatal, hoje, não seria aceito facilmente. Temos, ainda hoje, vários bancos estatais. São vitórias marxis-

---

[6] https://www.camara.leg.br/noticias/115243-psol-quer-rever-lei-kandir-e-acentuar-imposto-progressivo/
[7] https://g1.globo.com/economia/noticia/2023/07/09/reforma-tributaria-imposto-sobre-heranca-veja-o-que-muda.ghtml

tas. No entanto, quando a esquerda toma o poder ela trabalha para manter o que já está estatizado e reestatizar o que havia sido privatizado. Só faria alguma privatização, como fez Fernando Henrique Cardoso, porque precisava de dinheiro. É um passo atrás para dar passos maiores lá na frente.

> 6) Centralização de todos os meios de transporte nas mãos do Estado

Até pouco tempo atrás todas as grandes cidades possuíam empresas de transportes públicos estatais. Em todas as cidades há comunistas. E quando uma estatal é criada, ou reestatizada foram os socialistas/comunistas que o fizeram. Muitas vezes ajudados por não comunistas ingênuos ou por dinheiro em troca. É assim que o socialismo vai sendo implantado pouco a pouco com vistas ao comunismo, segundo a orientação de Marx. É por isso que todo esquerdista tenta dificultar e até expulsar iniciativas privadas descentralizadas, como os aplicativos de transportes como a Uber.

> 7) Multiplicação das indústrias nacionais, dos instrumentos de produção, desbravamento e melhoria das terras, de acordo com um plano coletivo

Coletivismo. Esta é a palavra chave para identificar os socialistas/comunistas. Negação ao individualismo, à liberdade. Submissão das pessoas para se tornarem peças descartáveis de um sistema bolado por engenheiros sociais psicopatas. Um sistema em que, se não concordar, você será eliminado. Se se rebelar, você será, simplesmente, anulado, preso ou até assassinado.

> 8) Obrigatoriedade do trabalho para todos, organização de exércitos industriais, em especial para a agricultura;

Sim, se a extrema esquerda do PT e seus partidos satélites tomarem o poder, você poderá ser escolhido para trabalhar na roça. E não poderá se negar. Novamente, quem desobedece às ordens comunistas é um rebelde e deve ser anulado. Está escrito no manual. Os líderes comunistas querem ser, eles próprios, os donos das empresas e estabelecer trabalho obrigatório para todos, conforme essa recomendação marxista. O povo trabalhará para eles feito escravos.

9) Combinação do trabalho agrícola e do trabalho industrial, medidas para a eliminação gradual da oposição entre cidade e campo

Que bobagem! Não há oposição entre trabalho industrial e trabalho do campo. Nunca houve. Há a divisão do trabalho, cooperação, apesar dos esquerdistas não permitirem mais liberdade. A indústria se desenvolveu, continua se desenvolvendo e produzindo as ferramentas que o campo utiliza para aumentar a sua produtividade. É graças ao desenvolvimento da agroindústria que o capitalismo diminuiu a fome mundial de 90% da população para menos de 10% atualmente. E esses 10% que passam fome estão onde o marxismo predomina: Cuba, Venezuela, Coreia do Norte e países da África.

10) Educação pública e gratuita para todas as crianças. Supressão do trabalho infantil em fábricas, em sua forma atual. Combinação da educação com a produção material, etc.

Ou seja, formação de robozinhos doutrinados. Toda vez que você ouvir políticos falando em educação pública gratuita e de qualidade, saiba que eles estão repetindo Marx. A principal motivação para a educação estatal é a doutrinação. É por isso que chamam de educação. É para educar conforme a doutrina marxista. Não é por amor às crianças; é para usá-las. Esta é a principal e mais bem-sucedida orientação marxista. É educação. Não é ensino. Ensino se pratica nas escolas particulares (infelizmente a maioria das escolas particulares também aderiram ao marxismo cultural). Através da educação estatal se forjam os ícones da sociedade, que por sua vez irão continuar transmitindo as ideias marxistas nas escolas, nas universidades, nos órgãos de governo (STF, TSE, STJ), nas ONGs, nas mídias sociais, nas grandes redes de televisão, grandes jornais escritos, nos sindicatos (os sindicatos são muito importantes para os marxistas. Por isso que agora o governo Lula está trazendo de volta o imposto sindical obrigatório. Eles precisam do dinheiro para voltar às ruas com seus militantes remunerados a pão com mortadela, para fazer de conta que tem apoio popular e também para bancar os seus altos salários) e por aí afora. Então, quando alguém tenta fazer chacota, vinculando o comunismo (marxismo) ao mundo da fantasia, é sinal de ignorância. Pessoas comuns carregam o marxismo em suas falas sem perceber, inconscientemente. É o marxismo cultural. Essa medida número 10 de Marx é a que está mais em uso na atualidade. É ela que está preparando a população para aceitar e ajudar na implantação das outras 9 medidas. Ela foi desenvolvida, aperfeiçoada e incrementada por Antônio Gramsci. Gramsci percebeu que não seria mais possível, nos tempos modernos, implantar o socialismo/comunismo através de revoluções violentas como as do início do século passado. O método gramscista pode levar duas ou três gerações para se efetivar, mas será muito mais difícil sua reversão. O marxismo estará impregnado na mentalidade da sociedade, contando com a cooperação valiosíssima dos *intelectuais*. É por isso que a esquerda berra tanto em favor da Lei Rouanet. Ela é um instrumento valiosíssimo para os marxistas. Através dessa lei os governos de esquerda enchem os artistas de dinheiro em troca da propaganda anticapitalista. No Brasil já estamos na fase final de implantação do sistema gramscista. E o método gramscista é moderado e *cheio de amor* na sua implantação, mas depois de consolidado segue o velho marxismo violento de sempre para se manter.

> O conceito de hegemonia cultural envolve sempre a relação entre o Estado, a sociedade civil, as formas materiais de produção e as estruturas ideológicas e jurídico-políticas. Comumente este conceito envolve uma reflexão sobre o papel dos intelectuais, a cultura de massa e a indústria cultural.[8]

---

[8] https://www.infoescola.com/sociologia/hegemonia-cultural/

Quando eu era criança/adolescente havia uma brincadeira chamada "burro silente". Quando se reuniam alguns amigos em fins de semana ou dias de chuvas e não havia muito o que fazer (não havia TV, internet, *smartphone*, *videogame*, TicTok, Instagram, Facebook...), nós inventávamos brincadeiras. Essa brincadeira consistia em qualquer um dos presentes colocar uma marca, que poderia ser um raminho de alguma planta, um pedacinho de papel, uma fita adesiva ou qualquer coisa pendurada ou colada na roupa, no boné ou no chapéu de um dos participantes sem que ele percebesse. Então quando um dos participantes conseguisse "pegar alguém", em seguida repetia a frase "burro silente, carrega e não sente". Nesse momento todos sabiam que alguém tinha sido pego na brincadeira, mas a maioria dos participantes não sabia quem era o *premiado*. Então começava a procurar em seu próprio corpo e também nos outros para descobrir quem era a *vítima*. A brincadeira terminava quando a *vítima* se dava conta. Hoje, quando vejo alguém defendendo ideias marxistas, mas negando ser marxista eu lembro da brincadeira, e penso: está aí um "burro silente", carrega ideias marxistas sem perceber. As ideias foram colocadas em seu subconsciente de forma sub-reptícia. O marxismo cultural está impregnado no subconsciente das pessoas sem que elas percebam. Quem defende o igualitarismo, o imposto progressivo, o imposto sobre grandes fortunas, a perda do direito a herança, o aquecimento global, critica os ricos, critica o desemprego, mas pede o tabelamento do salário, pede controles de preços, critica a globalização, por exemplo, está defendendo as pautas marxistas. É o "burro silente" que carrega e não sente, em seu discurso, o marxismo cultural.

O PT e seus aliados da extrema esquerda trabalham para cumprir as 10 principais orientações marxistas para implantar o socialismo/comunismo no Brasil.

> Se o proletariado, em sua luta contra a burguesia... se converte em classe dominante; e como classe dominante, **suprimir pela violência as antigas relações de produção**, suprimirá automatica-

mente...as condições de existência da oposição de classe...e, com isso sua própria dominação de classe (Marx e Engels, p.61, 62)

Seguem abaixo pequenos trechos retirados do *Caderno de Teses* do 5.º Congresso Nacional do PT (Partido dos Trabalhadores), onde em algumas partes ele cita mais de 20 vezes a palavra *socialismo*, reivindicando a sua implantação e falando em tempos de guerra. Falam insistentemente em democracia popular ao estilo da "**República Democrática e Popular da Coreia do Norte**". Veja estas citações logo em seguida com indicação das respectivas páginas que constam no *link* abaixo:

http://www.enfpt.org.br/wp-content/uploads/2017/09/AE-TESE-UM-PARTIDO-PARA-TEMPOS-DE-GUERRA.pdf

...ou bem avançamos em direção a um desenvolvimento de novo tipo, democrático-popular e articulado ao **socialismo**. (p.6)

A política de comunicação de que necessitamos se integra à política de cultura e de educação, com o objetivo de criar uma cultura de massas orientada por valores democrático-populares e **socialistas**, combatendo a crescente ofensiva conservadora no terreno das ideias. (p.9)

...reformas estruturais (com destaque para as reformas urbana, agrária e tributária) democráticas e populares e com nossa luta pelo **socialismo**. (p.11)

...combinando políticas públicas e transformações estruturais de natureza democrático-popular, articuladas com a luta pelo **socialismo**. (p.11)

A política adotada pelo PT... especialmente a partir do 5.º Encontro Nacional (1986), foi baseada no programa democrático-popular e **socialista** (p.13)

A partir de 1995, o objetivo programático do Partido, que até então era derrotar o capitalismo e construir o **socialismo**... (p.13)

Isso significou, na prática, que embora o **socialismo** tenha continuado de direito nosso objetivo programático... (p.13)

...a estratégia adotada entre 1995 e 2005, além de não conduzir ao **socialismo**, possuía também "defeitos de fabricação" que impediam atingir seus próprios objetivos. (p.14)

...Que construa as condições políticas para fazer reformas estruturais. Que recoloque o **socialismo** como objetivo estratégico. Que constate que o grande capital é nosso inimigo estratégico. Que não acredite nos partidos de centro-direita como aliados. Que seja baseada na articulação entre luta social, luta institucional, luta cultural e organização partidária. (p.15)

...Não haverá mudança social profunda no Brasil, se isto não for acompanhado por uma mudança cultural na visão de mundo da maioria da população brasileira. Necessitamos tornar hegemônicos os valores democráticos, populares e **socialistas**. (p.25)

...superar o capitalismo e realizar uma transição **socialista**... de forma permanente a luta contra o capitalismo... ...a luta pelo **socialismo**... construção do **socialismo**. (p.31)

...a luta **socialista** supõe diferentes formas de organização, de luta e de mobilização, bem como diferentes estratégias, táticas e políticas... (p.32)

...o sucesso da luta contra o capitalismo e pelo **socialismo** exige que a classe trabalhadora se organize de diversas formas, entre as quais o partido político. (p.32)

...A história dos partidos da classe trabalhadora brasileira possui cerca de 100 anos. Nesta história, destacam-se o trabalhismo, o **comunismo** e o petismo. (p.33)

...o PT precisa de uma clara hegemonia interna, em torno do programa e da estratégia democrático-popular e **socialista** (p.35)

...Continuamos trabalhando para que o PT assuma um papel de vanguarda, mas também na luta por reformas estruturais e pelo **socialismo**. (p.35)

...fortalecer os laços com os movimentos sociais, lutar pela ampliação de direitos, amplificar o alcance do programa democrático-

-popular e **socialista** na disputa ideológica, no plano nacional e internacional. (p.36)

...mas também aos aspectos político-ideológicos e teóricos indispensáveis à luta da classe trabalhadora pelo poder e pelo **socialismo**. (p.36)

...Isto significa que o PT deve ser aberto à participação... Entretanto, devemos travar uma luta constante para que estes setores evoluam para posições democrático-populares e **socialistas**. (p.74 e 75)

Tudo o que o PT faz aponta para a concretização das medidas indicadas pelo partido no seu *Caderno de Teses* inspirado nas medidas marxistas. O socialismo/comunismo é o grande objetivo a ser alcançado pelo PT. Todas as ações dos seus mandatários apontam para essa realização.

Portanto, confessais que, por indivíduo, não entendeis nada mais do que o burguês, o proprietário burguês. Efetivamente, semelhante indivíduo deve ser suprimido. (Marx e Engels, p.52)

Por que a mídia não faz sequer uma crítica à pregação assassina dos comunistas contra o indivíduo como, merecidamente, faz ao nazismo e ao fascismo? Não foi por acaso que os comunistas assassinaram milhões de pessoas. É simplesmente o cumprimento das orientações dadas pelos seus idealizadores, Marx e Engels. Como vemos, Marx é o escritor que mais tem influência na vida política das nações, e como consequência no cotidiano e na má qualidade de vida das populações onde sua doutrina foi colocada em prática. E isso não é por acaso. Isso ocorre porque o manual marxista manda prender ou assassinar todos os cérebros com mais capacidade de uma nação, aqueles que se rebelam e que poderiam inventar os caminhos do desenvolvimento, ou qualquer outro que surja entre os proletários e que ouse ter iniciativas próprias que contrariem a vontade do marxista que estiver no poder.

Como é triste ver uma interpretação tão equivocada sobre o período histórico da Revolução Industrial, segundo a análise marxista. Mais triste ainda é termos assistido a essa falsa interpretação ter sido elevada a tão alta relevância pelos historiadores, pelas universidades, pelos intelectuais, pela imprensa e pelos formadores de opinião de uma forma geral. Na verdade, os proletários não teriam nascido ou teriam morrido de inanição sem o surgimento dos burgueses. Antes dos burgueses praticamente quase não existia aumento populacional. E por que não havia aumento da população? Porque não havia alimento. Se formos buscar as estatísticas históricas, vamos verificar que o aumento populacional coincide com o surgimento do capitalismo, ou seja, com o surgimento da burguesia, e acentua-se na época da Revolução Industrial, por volta dos anos de 1600 e 1700 em diante. Ver gráfico a seguir. O próprio Marx afirma isso em palavras que parecem de entusiasmo, mas também podem revelar a sua inveja:

> Em apenas um século de sua dominação de classe, a burguesia criou forças de produção mais imponentes e mais colossais que todas as gerações precedentes reunidas... em que século anterior se poderia prever que tais forças produtivas cochilavam no seio do trabalho social? (Marx e Engels, p.31)

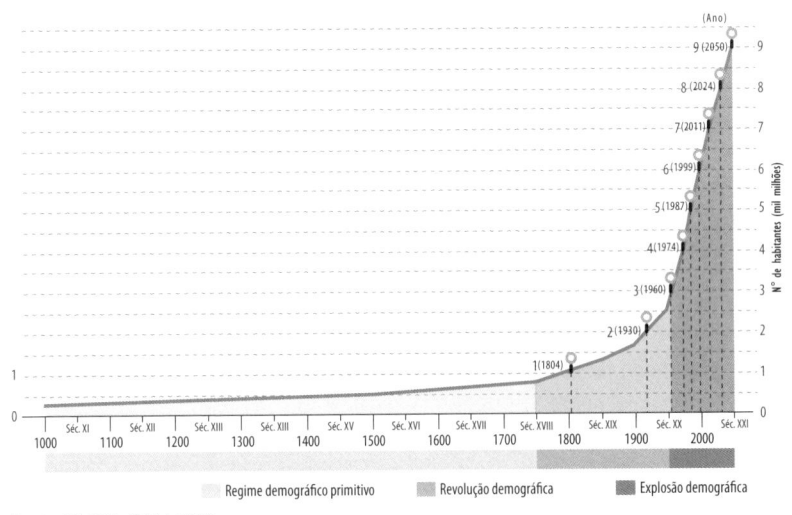

Fonte: UNFPA, ONU, 2013.

Marx não era burro. Ele era invejoso, porque reconhecia que o capitalismo revolucionava a produção e fazia despertar as forças que cochilavam no seio da sociedade. Quando Marx fala dos burgueses tem-se a impressão de que eles vieram de outro planeta, invadiram a terra e escravizaram os proletários que viviam aqui muito prósperos e felizes. Na verdade, os burgueses surgiram no meio do próprio povo pobre. Os burgueses foram alguns proletários que se sobressaíram em relação aos outros proletários. Foi a liberdade de empreender surgida por acaso, escapada do alcance dos reis todo-poderosos e que antes não havia por causa do sistema feudal, que os revelou. O grande erro de Marx é acreditar que os seres humanos são todos iguais, com exceção dos burgueses, claro, que para ele são superiores em inteligência, ou moralmente inferiores, ou apenas diferentes dos outros, uma outra raça de gente. A solução de Marx é simples, violenta e explícita: "matem-se os burgueses e viveremos todos igualitariamente felizes". Ou seja, matem-se os pilotos e a tripulação da aeronave que os passageiros vão assumir a cabine de controle.

Mas, e se depois de implantado o sistema marxista algum jovem proletário, daqueles cheios de motivações, não concordar com Marx? E se ele não se contentar em pertencer à classe dos proletários? E se ele tiver ideias maravilhosas? E se ele quiser ser livre e se tornar um burguês gerador de riqueza? Não pode! Marx não quer! Se não concordar com Marx, vai ser eliminado. Che Guevara e Fidel Castro, por exemplo, cumpriram direitinho os ensinamentos de Marx. Assassinaram mais de 150 mil pessoas em Cuba. Sob o regime marxista será impossível viver sem concordar com ele.

> Maria Werlau, cofundadora e diretora executiva do projeto Cuba Archive, que busca documentar de forma objetiva o custo em vidas da revolução cubana, calcula que as mortes documentadas chegam a quase 10 mil pessoas. O cientista político Rudolph Joseph Rummel estudioso de genocídios divulgou em 1987 estimativas do número de mortos pelo regime de Fidel variando de 35

mil a 141 mil naquela época. Mas são números baseados em modelos matemáticos. (*Gazeta do Povo*)⁹

> Mas os mercados não paravam de crescer e as demandas, de aumentar. Logo a manufatura revelou-se insuficiente. Então, o vapor e o maquinismo revolucionaram a produção industrial. A manufatura deu lugar à grande indústria moderna... (Marx e Engels, p.25)

É disso que os comunistas e socialistas têm inveja. Eles sabem e descrevem como o capitalismo revoluciona a produção. E a alta produção se destina a quem? Eles não percebem que essa alta produção não tem como ser consumida pelo número reduzido de *burgueses* proprietários das indústrias? Eles não percebem que o beneficiário dessa alta produção é o consumidor, que, em última análise, é o próprio operário? E não enxergam, também, que o vapor e o maquinismo só foram inventados porque alguém visava a ganhar muito dinheiro? E que a ação dessas pessoas inquietas é que faz a economia se desenvolver e criar riqueza? Riqueza essa que jamais poderá ser consumida, em seu todo, por essas poucas pessoas empreendedoras, mas apenas uma pequena fração para seu consumo pessoal e de sua família. Riqueza essa que será administrada pelo seu proprietário com o objetivo da sua multiplicação. Riqueza esta cuja maior parte está sob a forma de bens de capital, como máquinas, equipamentos e instalações para produzir bens de consumo. Riqueza essa que só pôde ser acumulada porque o seu proprietário é uma pessoa parcimoniosa, frugal. Riqueza essa que jamais seria acumulada por um esbanjador, ou por um sistema estatal. Riqueza essa que será distribuída para a população sob a forma de serviços e mercadorias úteis. Riqueza essa que eleva o padrão de vida de toda a população. Riqueza essa que poderá ser obtida pelo trabalhador comum em troca do seu trabalho. Uma riqueza que os

---

⁹ https://www.gazetadopovo.com.br/ideias/quantas-pessoas-foram-mortas-pela-ditadura-cubana-da-tomada-de-poder-ate-hoje/

sistemas socialistas/comunistas jamais conseguiram produzir em lugar algum, em tempo algum.

Os países que tentaram colocar em prática as teorias marxistas produziram montanhas de cadáveres, vítimas dos fuzis e da inanição. Simplesmente porque sua teoria sem pé nem cabeça, quando colocada em prática, elimina as pessoas criativas, as cabeças iluminadas, os empreendedores, os criadores de riqueza, o Livre Mercado, os *burgueses* e suas relações empreendedoras. Veja no *link* do Youtube, a seguir, a história macabra da União Soviética, legendado.

https://www.youtube.com/watch?v=_e_-gLw860U

É muito comum, hoje, vermos a esquerda acusar o capitalismo de discriminação ao trabalho feminino e outros grupos sociais. Então, veja o que Marx diz sobre isso:

> Quanto menos habilidade e força física o trabalho manual requer, mais a indústria moderna desenvolve-se, mais o trabalho dos homens é desalojado pelo das mulheres e das crianças. Diferenças de sexo e de idade já não tem valor social para a classe operária. (Marx e Engels, p.36)

Na descrição sobre o funcionamento do capitalismo, Marx tem razão. O capitalismo não discrimina sexo, idade, cor da pele ou qualquer condição individual ou social. O capitalismo exige eficiência, produtividade, e facilita o trabalho. Cada vez menos força física humana é exigida no sistema capitalista, e ele é inclusivo. O capitalismo tem método para avaliar a diferença entre o trabalho de dois homens brancos, entre o trabalho de um homem e uma mulher, entre um homem negro e um homem branco, entre dois negros, e assim por diante. Veja que essas palavras de Marx foram escritas há quase dois séculos. O capitalismo sempre foi inclusivo e meritocrático. As melhorias nas vidas das pessoas não são obrigatoriamente conscientes por parte dos empresários, mas mesmo assim as melhorias ocorrem. Hoje a extrema esquerda acusa o capitalismo de ser discriminador, quando o próprio Marx já havia percebido o contrário. O que o capitalismo avalia é a capacidade da pessoa e o que ela produz, seja ela mulher, homem, branco, preto, amarelo, homossexual, heterossexual ou qualquer outra coisa. A avaliação é pelo desempenho individual e não por qualquer outro motivo. Os marxistas e a esquerda em geral, hoje, criam leis para que trabalhadores que executam a mesma função tenham salários iguais, significando tabelamento de salários em contraposição às leis de mercado. Dois homens, ou um homem e uma mulher que executam a mesma tarefa onde um produz mais do que o outro devem receber o mesmo salário, conforme prevê a legislação marxista brasileira, sob pena do empregador ser punido por querer remunerar melhor aquele que merece mais por ser mais produtivo. Deixo aqui uma pergunta a você: é justo uma pessoa mais produtiva, mais interessada, mais comprometida, mais pontual, mais assídua receber o mesmo salário de outra pessoa mais lerda, desinteressada, sem comprometimento, que sempre chega atrasada ao trabalho e tem faltas injustificadas durante o mês? Ou é sábio seguir a doutrina marxista, que diz:

> De cada um, de acordo com suas habilidades; a cada um de acordo com suas necessidades! (Marx e Engels, p.108)

Na verdade, eles não querem que a população desfrute dos benesses do capitalismo.

O marxismo é uma ideologia já testada em várias partes do planeta. Em todos os lugares onde foi implantado, o marxismo levou ao empobrecimento, à miséria, à falta de liberdade e à morte, onde só a cúpula do poder viveu bem. O ser humano não suporta viver nesse tipo de ambiente, e então foge para lugares não marxistas. Ocorreu na Alemanha Oriental, em Cuba, na Coreia do Norte e em vários outros países, e o caso mais recente ocorre na Venezuela, atualmente, onde a ONU estima que mais de 6 milhões de pessoas já deixaram o país até fevereiro de 2022. Uma coisa não se pode negar: a esquerda é muito mais ativa e melhor em marketing. Eles conseguem continuar vendendo um sistema fracassado como solução para todos os problemas humanos. Isso ocorre porque a maioria da esquerda é composta de gente que não empreende. A eles só foi apresentada a cartilha marxista. São políticos, funcionários públicos, sindicalistas, professores, etc., e esses personagens têm muito tempo disponível para se dedicar a fazer a propaganda socialista. Esse é o trabalho deles. Enquanto isso, uma grande parte dos empreendedores está mergulhada nos seus negócios, nos seus empreendimentos, cuidando das próprias vidas, sem nenhum interesse coletivista. Enquanto eles estão trabalhando, com os narizes enfiados nos próprios problemas, os doutrinadores estão fazendo a cabeça dos seus filhos nas escolas e universidades, os políticos estão fabricando leis antimercado, os sindicatos estão se organizando para espoliar os patrões, e os funcionários públicos estão se sentindo úteis cumprindo uma burocracia cada vez maior. Em resumo, há um grupo que quer trabalhar e produzir e o outro que quer viver às custas do primeiro. E muitas vezes os próprios empreendedores são iludidos pelas promessas demagógicas da turma da esquerda. Por isso a gente vê tantos inocentes úteis defendendo as ideias esquerdistas. Em quase todos esses inocentes úteis percebe-se um argumento padronizado, uma coisa uniforme que revela uma fonte primária única: o marxismo. Nós, liberais, precisamos melhorar no quesito do marketing. Precisamos mostrar para as pessoas que a liberdade é o melhor caminho para a prosperidade. Quase não há o contraponto liberal nas escolas e universidades. O liberalismo é totalmente desconhecido. Só agora estamos engatinhando. A esquerda conseguiu monopolizar a virtude através de um discurso bonitinho e sedutor, porém falso, vazio e inexequível. É trivial ver-se o cidadão comum defendendo a esquerda e seus dogmas, mas negando as origens dos seus argumentos, e inconscientemente seguindo como um gado rumo ao matadouro atrás de um punhado de comida. Ele não percebeu que foi doutrinado durante toda a sua formação educacional por doentes mentais como Paulo Freire e seus seguidores. Quem é Paulo Freire? É o patrono da educação brasileira. É um marxista de carteirinha. São suas ideias que prevalecem nos currículos do MEC. É aquele que prega a teoria da exploração do oprimido, que é uma teoria marxista, ou seja, comunista, e que é amplamente aplicada na educação brasileira. Segundo essa teoria, o aluno não precisa priorizar matemática, física, português, etc., mas, sim, precisa aprender a reivindicar os seus *direitos* de oprimido (o empregado) frente ao opressor (o empreendedor, o empresário, o empregador, o burguês). E o pior de tudo é que as pessoas não percebem que estão sendo utilizadas por esses malfeitores ideológicos e continuam repetindo aquilo que o método marxista de Paulo Freire inculcou em suas mentes. Por isso temos tantos graduados, pós-graduados e doutores propagandeando, tal qual papagaios, as lições marxistas, esquerdistas, comunistas, disfarçadas de humanistas.

Dizer, como disse Marx, e repetir, como fez Luís Inácio Lula da Silva, presidente do Brasil, em um discurso logo após a sua posse em janeiro de 2023, que só o trabalhador produz e que o empresário (o capitalista) não faz nada para merecer o lucro e deve ser, por isso, violentamente eliminado, porque a produção continuará funcionando normalmente sem ele e administrada pelos próprios operários, é como dizer que só os braços e as pernas das pessoas é que fazem tudo e a cabeça não faz nada, e que ela pode ser cortada porque o corpo continuará andando por aí e funcionando normalmente sem cabeça. Lula, aos poucos, está mostrando suas garras: "Tenho orgulho de ser comunista". Veja no *link*:

https://www.youtube.com/watch?v=-9cMBZylvs4

E a democracia é relativa, disse Lula, neste *link*:

https://www.cnnbrasil.com.br/politica/na-abertura-do-foro-de-sao-paulo-lula-diz-que-ser-chamado-de-comunista-e-motivo-de-orgulho/

https://noticias.uol.com.br/colunas/madeleine-lacsko/2023/06/29/nao-presidente-lula-o-conceito-de-democracia-nao-e-relativo.htm

Em muitos trechos das obras de Marx há descrições perfeitas sobre o funcionamento do capitalismo e os seus resultados extraordinários, aliás o termo *capitalismo* foi criado pelo próprio Marx. Ele reconhece que o Livre Mercado capitalista burguês é capaz de superar até as barbáries das guerras, que aliás é uma tese do liberalismo, onde ele escreve na página 30 do *Manifesto Comunista*:

> Pelo rápido desenvolvimento de todos os instrumentos de produção, pelas comunicações infinitamente facilitadas, a burguesia impele todas as nações, mesmo as mais bárbaras, para a torrente da civilização. Os preços baixos de suas mercadorias são a artilharia pesada que derriba todas as muralhas da China, que obriga os bárbaros xenófobos mais renitentes a capitularem. Obriga todas as nações, sob pena de arruinarem-se, a adotarem o modo de produção burguesa; obriga-as a introduzirem em seu seio a chamada civilização, isto é, compele-as a tornarem-se burguesas. Em suma, plasma um mundo à sua própria imagem.

Mas, então, se Marx admite todas essas vantagens aos povos de diferentes países trazidas pelo Livre Mercado, por que será que ele é contra o capitalismo? Talvez ele não tenha percebido que há no Livre Mercado uma forte mobilidade social porque as classes sociais não são fixas e estabelecidas como castas proibidas de se movimentar, como ele descreve no centro do seu discurso como a "luta de classes". Pessoas são racionais, não agem como os animais que vivem em enxames ou manadas, pelo menos grande parte delas. No Livre Mercado capitalista, operários podem virar empresários, e empresários podem virar operários, dependendo exclusivamente do seu preparo, da sua capacidade, do seu esforço, da sua persistência, do seu talento, da sua frugalidade pessoal, da sua parcimônia financeira e até da sua sorte. E isso não é só teoria, isso pode ser facilmente reconhecido em nosso cotidiano. Aposto que você mesmo deve conhecer alguém que era funcionário de um escritório de contabilidade e depois de adquirir conhecimentos sobre o trabalho e ter feito algum curso especializado, abriu o seu próprio escritório. Ou talvez um mecânico que trabalhou vários anos em uma oficina autorizada de automóveis, tenha aberto a sua própria oficina. Ou um garçom que tenha aberto o seu próprio restaurante. Você pode investigar qualquer atividade ou profissão, que você vai constatar isso acontecendo. E há o contrário também. Há empresários que viraram balconistas do seu antigo concorrente. Para o bom desempenho da economia e para o bem geral da população, sempre há pessoas se sobressaindo e outras sendo ultrapassadas, para que a economia tenha a maior eficiência possível em benefício de toda a nação.

Se você comparar o trecho sobre o lápis, de Milton Friedman, nas páginas 32 e 33, você verá que corrobora com a descrição de Marx sobre o Livre Mercado, ou sistema burguês na linguagem marxista, para a promoção de um rápido desenvolvimento econômico em um ambiente de paz mundial através do sistema impessoal do Livre Mercado.

Na página 31 do *Manifesto Comunista*, Marx e Engels descrevem o desenvolvimento da economia burguesa como se estivesse alguém no comando ditando como as coisas deveriam acontecer; veja:

> A burguesia submeteu o campo à dominação da cidade. Criou cidades tentaculares, aumentou maciçamente a população das cidades em relação à dos campos e, portanto, arrancou uma parte

expressiva da população do embrutecimento da vida rural. E tal como subordinou campo e cidade, tornou dependentes os países bárbaros ou semibárbaros dos países civilizados; os povos agrícolas dos povos burgueses; o Oriente do Ocidente. A burguesia controla cada vez mais a dispersão dos meios de produção, da propriedade e da população. (Marx e Engels, p.31)

Essa burguesia de que fala Marx neste trecho é aquela formada por aqueles que se desvencilharam dos grilhões do sistema feudal e das garras dos reis onipotentes, para cair, posteriormente, na burocracia asfixiante dos Estados Nacionais que vigora até os dias atuais. Na verdade, os prejudicados sempre foram os burgueses e seus colaboradores, ou seja, todos aqueles que trabalharam e trabalham criando riquezas na iniciativa privada. Parece que eles não entenderam que o capitalismo de Livre Mercado é uma coisa natural da ação humana descentralizada onde não existe um planejamento centralizador. Não há um burguês supremo comandando tudo como eles transmitem nas entrelinhas. Essa tentativa até existe hoje, mas por combinação com o Estado em um movimento com grandes empresas nacionais e multinacionais que trabalham em prol do globalismo político na busca de um governo global. Isso já não é mais a essência do capitalismo; isso é uma intervenção brutal dos governos em conluio com as gigantes multinacionais. A principal função do governo em um sistema capitalista genuíno não é a de planejar a economia; é a de dar garantia e proteção à propriedade privada, aquela que cria riquezas e avanços tecnológicos, dar garantia jurídica à execução dos contratos particulares, garantir a vida e a liberdade dos indivíduos. O problema do capitalismo hodierno está na simbiose entre governos e grandes empresários. Em se falando de grandes empresas no sistema atual intervencionista, nem sempre são as melhores que vencem. Vencem as que têm melhores relações com o governo, com vantagens indevidas para os dois lados em detrimento do Livre Mercado verdadeiro e da população. A aproximação de grandes empresários ao governo é quase sempre no intuito de adquirir vantagens imerecidas, ferindo de morte um capitalismo genuíno, aquele em que vence o melhor e não aquele que tem o melhor relacionamento com o governo. No Brasil estamos muito longe do capitalismo verdadeiro. Aqui vigora um capitalismo de compadres, onde o governo com um Estado muito inchado suga o esforço dos indivíduos e ainda se intitula de protetor dos pobres.

Ainda no *Manifesto Comunista*, Marx diz:

> Esses operários, compelidos a venderem-se a retalho, são uma mercadoria como qualquer outro artigo do comércio e, portanto, estão igualmente sujeitos a todas as vicissitudes da concorrência, a todas as flutuações do mercado. (Marx e Engels, p.35)

Na mesma página, Marx se contradiz e revela a sua visão míope sobre uma parte importante do sistema que pretende criticar, o capitalismo, ao afirmar que:

> Com a extensão do maquinismo e da divisão do trabalho, o trabalho perdeu todo caráter de autonomia e, assim, todo o atrativo para o operário. Este torna-se um simples acessório da máquina. Só lhe exigem o gesto mais simples, mais monótono, mais fácil de aprender. Portanto, os custos que o operário gera limitam-se aproximadamente apenas aos meios de subsistência de que necessita para manter-se e reproduzir-se.

Aqui Marx deixa de completar a sua visão, que parecia tão justa, sobre o funcionamento do Livre Mercado e sua crescente produtividade em relação aos trabalhadores. Em relação às outras mercadorias ele relata que o baixo custo é em decorrência da superprodução. Então, fica explícito que baixa produção resulta em altos preços. Quando cita que os preços baixos no Livre Mercado são em decorrência da superprodução, ele está certo, mas se esquece de mencionar que não se pode promover uma superprodução de pessoas como se faz com as mercadorias em poucos anos. A população cresce lenta e naturalmente. Logo, quando houver uma escassez de mão de obra a tendência natural é de que as pessoas não vão se sujeitar a trabalhar apenas pela subsistência, pois a concorrência que os burgueses conhecem tão bem também ocorrerá em relação à mão de obra dos trabalhadores. Será que Marx considerava os burgueses donos das manufaturas seres superiores e mais inteligentes do que os *proletários*? Então os proletários não tinham nenhum discernimento para se recusarem a trabalhar apenas pela subsistência? E será que nenhum *burguês* ia na manufatura do seu concorrente, quando precisava de mais mão de obra, com o intuito de atrair os proletários do outro *burguês* com uma oferta de salário maior? Mas para esclarecer este ponto vale lembrar a brilhante, simples e direta argumentação de Bastiat:

> O que determina os salários? Falando simplificadamente, porém ainda assim realisticamente, quando dois trabalhadores correm atrás de um empregador, os salários caem; quando dois empregadores vão atrás de um trabalhador, os salários sobem. (Bastiat, 2012)

Como visto até aqui, Marx admite a informação de que a concorrência no modo de produção capitalista é favorável para aumentar a produção das mercadorias, torná-las abundantes e baratas, mas sonega a informação de que ela também seja favorável para aumentar os salários dos trabalhadores. Constata-se, assim, que a teoria de Marx contém falhas significativas, porque mesmo que os salários nominais dos operários ficassem fixos, o que na realidade não ocorre, os seus ganhos estariam sempre subindo devido à alta produtividade do sistema capitalista, que faz com que os preços das mercadorias estejam sempre caindo para os mais baixos possíveis, como o próprio Marx confirma na página 35 do *Manifesto Comunista*. Percebe-se, então, que no sistema capitalista o trabalhador tem benefícios de duas maneiras: 1) os preços das mercadorias estão sempre baixando em termos reais; 2) os salários estão sempre subindo em função da procura de mão de obra. E mesmo se o salário do proletário ficasse fixo, mas com as mercadorias baixando de preço no decorrer do tempo, significa que o salário dele está aumentando. Por exemplo, se o proletário recebia um salário fixo de R$ 1.000,00, que dava apenas para ele se manter vivo, como afirma Marx, e 1 kg de feijão custava R$ 10,00, então ele podia comprar 100 kg de feijão com o seu salário. Se o salário dele se mantiver nos mesmos 1.000,00 e a produção de feijão aumentar, como admite Marx, o preço deverá cair para menos de 10 reais, digamos 8 reais, então o proletário, mesmo que não tenha recebido nenhum aumento nominal no seu salário, poderá comprar 125 kg de feijão. Se com o equivalente a 100 kg de feijão o proletário já conseguia se sustentar e se manter vivo, quando passasse a receber o equivalente a 125 kg de feijão, a representação desses 25 kg a mais poderiam ser acumulados, que é o que ocorre em realidade com um ser agraciado pela natureza, como é o ser humano, que possui um cérebro privilegiado. Logo, o proletário, para o desconforto dos marxistas, deixa de ser um proletário e passa a ser um capitalista, dado que **acumulou** 25% (25 kg de feijão) do seu salário. Então, parece que Marx considerava os proletários pessoas sem iniciativa, que não saberiam o que fazer com o que sobrasse do seu salário, quando afirma: "Mas será que o trabalho assalariado, o trabalho do proletário possibilita-lhe criar alguma propriedade? De forma alguma". Essa simples demonstração retirada dos próprios escritos de Marx derruba algumas pedras do alicerce da sua teoria (que aliás nem é uma teoria. Teorias não podem se contradizer). Percebe-se que não há coerência em suas ideias. Só nos resta concluir que todo o seu blá-blá-blá é para caber na sua *teoria* furada da luta de classes, de opressores e oprimidos, que na verdade não existe, ou que só existe sob a forma de massa de manobra liderada por gente inescrupulosa, ideologicamente contaminada, que não leva em consideração a natureza humana. Marx é muito contraditório. E sua contradição se espalha por quase toda a sua obra, que em sua maioria não tem sustentação em argumentos com raciocínio lógico. A principal previsão de Marx é a de que o capitalismo vai se autodestruir. Esse é o principal e central erro de Marx. Não tem como o capitalismo se autodestruir, porque ele se autoalimenta. Não existe a possibilidade de que seres inteligentes, que não tenham proibição de agir, possam regredir. Até macacos livres progridem. Regride é uma sociedade proibida de agir, onde todas as decisões econômicas são tomadas por um comitê central marxista totalitário, formado por burocratas superpoderosos, como descreve com precisão Ferreira Gullar, ex-comunista:

> O capitalismo não é uma teoria. Ele nasceu da necessidade real da sociedade e dos instintos do ser humano. Por isso ele é invencível. A força que torna o capitalismo invencível vem dessa origem natural indiscutível.
>
> https://veja.abril.com.br/coluna/reinaldo/ferreira-gullar-quando-ser-de-esquerda-dava-cadeia-ninguem-era-agora-que-da-premio-todo-mundo-e

O que sabota e pode destruir o capitalismo é a intervenção do Estado, que tem ocorrido em todos os países do planeta, sem exceção. Até nos Estados Unidos, que é o país que mais preserva as liberdades individuais, é o Estado que tem a exclusividade sobre a emissão de moeda. E, através dessa intervenção monetária em que o Estado pretende acelerar ou frear a economia pela injeção ou retirada de moeda do mercado, ele acaba por amplificar os ciclos econômicos. Essa teoria de colocar e retirar dinheiro do mercado não é de Marx; é do economista John Maynard Keynes. É aí que eu digo que o marxismo cultural influencia até pensadores importantes. Porque o dever de qualquer economista que se preze não é o de arranjar maneiras de contornar os problemas criados pelo monopólio sobre a emissão de moeda. O dever do economista sério é pedir a extinção do monopólio estatal sobre a emissão de moeda. Esse monopólio sobre a moeda é de inspiração marxista, e quando se compreendem os mecanismos de mercado, as receitas marxistas se tornam infantis demais, em termos técnicos, claro, porque de resto é uma ideologia assassina.

AS PREVISÕES MARXISTAS PELO JORNAL *GRANMA*, DE CUBA

O *Granma* é um jornal cubano controlado pelo partido comunista. Eles publicaram uma relação das principais previsões de Carl Marx para o século XXI. Vou me utilizar dessa relação apontada pelos próprios marxistas que sintetiza os principais pontos da obra de Carl Marx, e tentar mostrar as suas falhas e contradições.

https://pt.granma.cu/cuba/2018-05-16/dez-previsoes-de-karl-marx-que-definem-o-seculo-xxi

1. A CONCENTRAÇÃO E CENTRALIZAÇÃO DO CAPITAL

Tal como previu Marx, uma das características do capitalismo no século XXI é a crescente diferença entre ricos e pobres.

Esta previsão de Marx, que continua sendo repetida pelos marxistas até hoje, traz uma verdade sobre a qual eles querem colocar a pecha de prejudicial aos trabalhadores. Óbvio que as diferenças de renda no capitalismo são crescentes, não só no século XXI, como sempre foram crescentes, pois o capitalismo, desde que foi permitido, não para de crescer. O capitalismo nunca esteve em busca do igualitarismo. O sistema capitalista permite com que algumas pessoas, de acordo com as suas aptidões e seu trabalho honesto, fiquem muito ricas, outras menos ricas, outras classe média, outras classe média baixa, e alguns pobres. Mas, os pobres dos países mais capitalistas têm uma qualidade de vida superior a toda a população dos países socialistas. A renda de um trabalhador cubano gira em torno de 30 dólares por mês. Um trabalhador americano ganha, no mínimo, 32 dólares em apenas 4 horas de trabalho. A grande desigualdade que existe no mundo está entre os trabalhadores dos países mais capitalistas e os trabalhadores de países comunistas, como Cuba. Foi através do capitalismo, ainda que com muitas amarras e sabotagens dos esquerdistas, que vários países saíram da miséria para um alto padrão de vida. Vamos fazer uma simulação bem singela, porém bem certeira com relação às tão difamadas *desigualdades sociais*. Então, vejamos: se José recebe R$ 3.000,00 de salário, e João recebe R$ 2.000,00, então José recebe R$ 1.000,00 a mais do que João. Se os dois receberem um aumento de 100%, José passará a receber R$ 6.000,00 e João R$ 4.000,00 e a diferença entre eles passará a ser de R$ 2.000,00. A diferença de riqueza entre José e João aumentou de R$ 1.000,00 para R$ 2.000,00. Nesse caso a esquerda socialista, através da mídia contaminada, estampa manchetes nas grandes redes de comunicação de que a desigualdade aumentou em 100%. E ninguém pode discordar disso, porque a desigualdade realmente aumentou em 100%. Mas, a intenção da manchete é a de denegrir a imagem do capitalismo e culpá-lo pelas mazelas do mundo. É uma *fake news* que tem um fundo de verdade. Mas, a pergunta pertinente e que os marxistas não fazem é: a situação de João piorou ou melhorou? Obviamente que melhorou, donde se conclui que a desigualdade não é prejudicial ao cidadão porque de outra maneira, ou seja, sem o capitalismo, ele não teria esse aumento e sua renda seria igual ao trabalhador de Cuba. Então, essa afirmação de Marx é verdadeira. A diferença entre ricos e pobres é sempre crescente no capitalismo. Mas, os marxistas insistem em buscar o igualitarismo, arbitrariamente. **Eles não admitem que as pessoas não são iguais.** Se José tem um salário maior do que João, vários fatores devem ter concorrido para isso. Talvez José tenha estudado mais, se dedicado mais. Talvez ele seja mais produtivo, mais capaz. Pode ser que ele tenha mais tempo de serviço na empresa e talvez ocupe um cargo superior ao de João. Pode ser que José tenha tido mais sorte por ter chegado primeiro na empresa. Ou seja, deve haver um número infindável de fatores que levaram José a ser melhor remunerado do que João. Os funcionários de uma empresa não estão todos no mesmo nível miserável, como sugere Marx. Há uma hierarquia, onde os mais preparados e mais interessados ocupam os melhores e mais bem remunerados cargos. Para tornar os funcionários iguais na marra, o marxismo precisa proibir as pessoas mais dotadas, mais dedicadas, mais esforçadas ou mais sortudas de usarem as suas capacidades para que elas se nivelem às menos capazes. Você consegue perceber a imoralidade e a violência disso? A igualdade só é possível se nivelarmos todos ao nível do menos capaz, porque não se pode dar capacidade a quem não a possui, mas pode-se, sim, impedir aqueles que a têm de usá-la, e isso só pode levar à miséria e é isso que o marxismo faz. Por isso que em Cuba e outros países socialistas/comunistas a miséria prevalece. Não há nenhum tipo de liberdade. O povo é escravizado na miséria igualitária. **O cidadão não pode plantar e colher a sua própria alimentação, porque daí ele pode ter uma alimentação melhor do que os outros, e isso é proibido, porque fere o princípio do igualitarismo marxista.** Tudo isso para manter a estupidez da igualdade que Marx deseja. Um médico cubano não recebia mais do que 100 reais por mês poucos anos atrás. Os médicos, e quaisquer outras profissões lá são pobres, miseráveis. Tudo isso para continuar seguindo uma doutrina furada, estúpida, fracassada: o marxismo. Mas o pessoal da cúpula vive uma vida de ricaço. O problema a ser atacado não é a desigualdade. O problema a ser atacado é a pobreza. E somente através da liberdade se consegue diminuir a pobreza. Uma nação que prioriza o combate às desigualdades sufoca a liberdade, reprime a criatividade e impede a prosperidade.

2. A INSTABILIDADE DO CAPITALISMO E AS CRISES CÍCLICAS

O filósofo alemão foi um dos primeiros que percebeu que as crises econômicas não eram erros do sistema capitalista, mas sim uma das suas características intrínsecas.

Ainda hoje se tenta vender uma ideia bem diferente.

Contudo, desde a queda da bolsa de 1929 até a crise dos anos 2007 e 2008, há uma clara linha de comportamento que segue as diretrizes traçadas por Marx. Daí que, inclusive, os magnatas de Wall Street terminem apelando às páginas de *O Capital* para acharem algumas respostas.

É muita pretensão marxista dizer que os magnatas vão buscar respostas em Marx. Se formos observar com mais atenção, veremos que essa afirmação sobre a instabilidade do capitalismo não se sustenta. Cada país, hoje, denominado capitalista tem o seu grau de intervenção estatal, uns mais, outros menos. A intervenção se dá de várias maneiras, a começar pelo monopólio sobre a emissão de moeda, pela própria existência de empresas estatais, passando pela legislação trabalhista, tributária, burocrática e ambientalista até a existência de agências reguladoras. Ora, se há todas essas intromissões e ainda agências reguladoras engessando e regulando empresas privadas é porque essas empresas não estão funcionando de acordo com as Leis de Mercado, então não estão sujeitas ao capitalismo. É o Estado quem diz a quanto vão vender suas mercadorias ou serviços, como e onde serão fabricados, além de protegê-las contra a entrada de novos concorrentes. Não é um capitalismo real, onde haja concorrência verdadeira. É um capitalismo de compadrio, onde as empresas são protegidas e cabresteadas pelo Estado. É o caso, por exemplo, das operadoras de telefonia. Temos só quatro no Brasil e, praticamente, a proibição para a entrada de novas concorrentes. E, além de o Estado se meter em, praticamente, todas as atividades econômicas, tabelando preços de produtos e de salários, regulando toda a economia, há ainda o elemento mais crucial a promover a instabilidade econômica: o monopólio do Estado sobre a emissão de moeda, que, aliás, é uma das medidas marxistas para a implantação do seu sistema de modo gradual. A moeda seria o principal produto do capitalismo, haveria moedas privadas, mas somos obrigados a usar a moeda estatal, que é uma moeda podre, que produz inflação, que é usada politicamente para fazer populismo demagógico. Ao contrário do que afirma Marx, é o próprio Estado que causa os ciclos econômicos. Quando a economia não cresce o esperado, pois está toda amarrada pelo Estado, o governo tenta acelerar o crescimento criando os PACs (Programas de Aceleração do Crescimento), como fez Dilma Roussef há poucos anos no Brasil, lançando mão do aparato monetário do governo. Ou seja, emite dinheiro e crédito sem lastro. A economia é induzida a crescer artificialmente através de crédito barato. Aparece a inflação, que no final do governo de Dilma Roussef já estava em mais de 10% ao ano. Se o governo não cuidar da inflação, que ele próprio criou, pois detém o monopólio sobre a emissão de moeda, a tendência é ela sempre crescer e chegar ao ponto de destruir a economia. Não vou me estender muito aqui sobre a moeda e a inflação, porque já fiz isso em outro livro (*É por isso que o Brasil não vai*, 2.ª edição, p.63). Esse é o ponto inflacionário que chegou à Venezuela com o socialismo/marxista do século XXI, quando em 2018 chegou a uma inflação de 1.300.000%. É um número tão exorbitante que é difícil de imaginar o que significa. Mas, veja que lá o cidadão precisa de um monte de dinheiro para comprar qualquer coisa banal. No caso da foto abaixo, vê-se uma pilha enorme de dinheiro necessária para comprar um rolo de papel higiênico. Seria vantagem usar as próprias notas de dinheiro no banheiro do que trocar por papel higiênico.

Os marxistas que estão no poder hoje, comandando a economia do Brasil, estão forçando a barra para que o Banco Central, tornado independente por recomendação de Paulo Guedes, diminua a taxa de juros para estimular a economia, sendo que todos os economistas sérios são contra essa medida. Não quero que fique parecendo que nós, capitalistas liberais, somos a favor de juros altos e contra o crescimento econômico. Somos total e veementemente a favor do crescimento econômico, mas de forma orgânica, sustentável, através da liberdade econômica. Juros altos são necessários, neste momento, em decorrência de gastos excessivos do governo anteriormente. Esses juros altos, agora, são necessários para conter a inflação no futuro. Todos sabemos que a inflação alta prejudica com mais intensidade os mais pobres. Então, conter a inflação é impedir o sacrifício dos mais pobres no futuro. É justamente essa medida de diminuição dos juros exigida pelos esquerdistas, antes que as condições da economia permitam, que causa as crises econômicas mencionadas por Marx e repetida pelos seus seguidores. Na verdade, os marxistas trabalham para destruir o capitalismo, a Economia de Mercado, colocando areia nas engrenagens para depois dizerem que a culpa é do próprio capitalismo, que contém falhas intrínsecas. É uma estratégia para fazer com que as pessoas desacreditem no capitalismo. E a sabotagem ao funcionamento do capitalismo aumenta o número de pobres no país, consequentemente aumenta o número de pessoas que vivem na ignorância, massa de manobra necessária para manter os marxistas no poder através de eleições. E é assim que eles fazem parecer que o capitalismo vai se autodestruir. São eles que corroem as bases do capitalismo quando estão no poder. E há muita gente boa que acredita nisso por pura ignorância. As chances de os marxistas se manterem no poder pioram quando o país se desenvolve.

A Argentina estava no mesmo caminho da Venezuela, com mais de 100% de inflação anual. Então, quando o governo intervencionista, que antes acelerou a economia, resolve fazer de conta que vai combater a inflação com controles de preços, o resultado é uma recessão. Esses são os ciclos econômicos gerados pelo próprio governo intervencionista e não pelo Livre Mercado. É uma coisa maluca porque há momentos em que o governo pisa no acelerador e no freio ao mesmo tempo. Enquanto o governo Lula esbanja de todas as maneiras, recriando ministérios desnecessários só para agradar e acomodar aliados políticos, inclusive o próprio presidente dando maus exemplos com viagens dispendiosas, com caravanas lotadas de gente que não tem nada a ver com o governo (75 pessoas na comitiva em viagem ao exterior é para bater palmas para Lula, para fazer de conta que está sendo muito aplaudido no exterior. É uma claque paga com o dinheiro dos pagadores de impostos), como membros do MST (Movimento dos Trabalhadores sem Terra) fazendo parte das comitivas, reedita o PAC (Programa de Aceleração do Crescimento) pisando no acelerador, por outro lado o Banco Central tem que manter uma taxa de juros alta, pisando no freio, para segurar a inflação. O sistema capitalista não aguenta tanta interferência e aí vêm os marxistas empurrar a culpa sobre o capitalismo. Assim, a causa mais importante sobre o mau funcionamento do capitalismo e suas crises está no fato de o Estado nunca ter permitido ao capitalismo trabalhar com a sua própria moeda, uma moeda privada. Além de todas as interferências já mencionadas, o capitalismo esteve longe de se completar por ser obrigado a usar a moeda estatal. E isso ocorre no mundo todo, não existindo um único país, nem nos mais capitalistas, ou seja, onde pelo menos há mais liberdade, como nos Estados Unidos, que não seja obrigado a usar a moeda estatal. A moeda estatal representa a maior vitória do marxismo sobre o capitalismo. E todas as crises são geradas a partir do descontrole estatal, proposital ou não, sobre a emissão de moeda.

3. A LUTA DE CLASSES

Talvez uma das ideias mais revolucionárias do marxismo fosse sua compreensão de que "a história de todas as sociedades até hoje, é a história da luta de classes", como se lê no *Manifesto Comunista*, escrito por Karl Marx e Friedrich Engels no ano 1848.

Essa tese pôs em crise o pensamento liberal. Para Marx, o Estado capitalista é mais uma ferramenta da classe hegemônica para dominar o resto, ao tempo que se reproduzem seus valores e sua própria classe.

Século e meio depois, ainda se estão travando as lutas sociais entre 1% que segura as rédeas do poder e os outros 99%.

É engraçado porque é justamente o contrário. Quem quer dominar tudo são os marxistas. Marx é quem fala em criar exércitos de trabalhadores, principalmente para trabalhar no campo de forma obrigatória. O marxismo é que não permite que os indivíduos possam eles mesmos resolver as suas vidas de forma independente. O capitalismo de Livre Mercado, sem a interferência do Estado, é um sistema descentralizado. Não deve existir ninguém no comando do capitalismo. Se existir, não é capitalismo; é estadismo. A função do Estado no capitalismo verdadeiro, que ainda não se completou em nenhum país do mundo, é proteger a iniciativa privada, e não se imiscuir nela.

O ponto central da teoria marxista se baseia na sua suposta **luta de classes** entre os burgueses e os proletários, entre os opressores e os oprimidos, entre os empregados e os empregadores, entre os empreendedores e os seus colaboradores. Marx não acredita que o *proletário*, o *oprimido*, o empregado possa ser inteligente, possa ter suas próprias ideias, suas próprias iniciativas e criar o seu próprio negócio, ou mesmo continuar na condição de empregado sem correr os riscos que o empreendedorismo oferece e preferir uma vida mais pacata e segura, mesmo sem a chance de ficar milionário. Essas pessoas existem, e elas são a maioria. O marxista enxerga em todo ser humano um invejoso e incapaz como ele próprio. Ele acredita que uma pessoa não suporta ver o sucesso da outra. Então ele oferece armas ideológicas para combater e impedir o sucesso individual e estabelecer uma sociedade sem classes, ou de uma única classe, onde todos serão iguais economicamente. Mas o ser humano, por natureza, não é coletivista. Ele é individualista. Ele não pensa primeiro em resolver os problemas da sua classe. Ele pensa primeiramente em resolver os seus próprios problemas. Há, sim, lutas individuais para subir de classe social. Para isso as pessoas estudam, se preparam, se qualificam para enfrentar uma competição no mercado, seja como empregadas ou criando seus próprios negócios. É esse tipo de luta que deve ser lutada, e não a eliminação violenta de quem já está em uma classe social mais alta, como prega Marx e os seus seguidores, ainda hoje. O ser humano não é como uma formiga operária que é geneticamente proibida de evoluir na sua organização em castas estabelecidas. O ser humano, por ter um cérebro desenvolvido e não limitado geneticamente, pode determinar o seu *status* social pela sua iniciativa própria, pelo seu esforço e pela sua competência. Forçar ao igualitarismo nos moldes de um formigueiro, como vocifera Marx quando fala em *trabalho obrigatório para todos* e *exércitos de trabalhadores no campo*, é violento e imoral, além de condenar a sociedade ao retrocesso econômico e social. Em uma sociedade de Livre Mercado a cooperação social é espontânea através das trocas e visa ao interesse individual. Isso não significa que o ser humano não possa ser solidário; significa apenas que a prioridade é ele próprio. Nenhum ser humano tem a obrigação de se sacrificar pelos outros. Em uma sociedade relativamente livre, onde prevalece a tal democracia, como é o caso da maioria dos países, a maioria dos povos desses países são, assim como no Brasil, de classe média, média baixa e pobres, porém ninguém é proibido de mudar de classe econômica, existindo na verdade uma grande mobilidade social, onde um rico pode ficar pobre e um pobre pode ficar rico, dependendo apenas da sua capacidade e da sua vontade. No entanto, existe uma massa humana moldada pelos ideólogos de esquerda sedenta por governos paternalistas que atiçam a suposta luta de classe e que tire dos ricos para dar aos pobres. E os políticos espertos e inescrupulosos se utilizam dessa teoria marxista para prometer o impossível paraíso igualitário marxista, que nunca chega a ser alcançado, mas que, ao contrário, conduz à miséria e à escravidão.

4. O EXÉRCITO INDUSTRIAL DE RESERVA

O capitalista, segundo Marx, tem a necessidade de manter baixos os salários para aumentar a produtividade. Isso pode consegui-lo sempre que houver algum trabalhador que espera ocupar a posição daquele que não aceita as condições. Este mecanismo foi chamado de "Exército industrial de reserva".

Embora as lutas sociais e sindicais, desde o século XIX até hoje, mudassem parte dessa situação, sobretudo nas nações desenvolvidas, a procura de baixos salários continua sendo uma constante do setor empresarial.

Durante o século XX as grandes companhias manufatureiras da Europa e dos Estados Unidos migraram para a Ásia, procurando força de trabalho qualificada e disposta a cobrar menos.

Embora governos recentes tentassem mostrar uma suposta perda de empregos nesse processo, tal como acontece com a administração de Donald Trump, nos Estados Unidos, certamente as companhias conseguiram manter suas altas taxas de crescimento graças à exploração dessa mão de obra barata.

Relativamente aos salários, estudos atuais demonstram que seu poder aquisitivo, em termos do que realmente se pode comprar e não do seu valor nominal, vem decrescendo, nos últimos 30 anos, nos países ocidentais.

E essa diferença ainda é maior entre os executivos e os empregados inferiores.

Segundo um artigo publicado pela revista britânica *The Economist*, ao passo que o pagamento dos trabalhadores em países como os Estados Unidos se paralisa, o salário dos máximos executivos aumenta significativamente: agora cobram 40 vezes mais do que a média a obter lucros 110 vezes mais.

Os marxistas, principalmente os cubanos, são muito caras de pau. Como é que eles têm coragem de criticar os salários nos países mais livres quando os próprios salários deles em Cuba não passam de 30 dólares? Falam como se eles tivessem a solução para os problemas do mundo enquanto obrigam a sua própria população a viver na miséria. Alguém, no capitalismo, proíbe os outros empregados a também se tornarem executivos? Se tornam executivos com altos salários os mais capazes. É como o atleta dos 100 metros rasos. Ele é mais bem remunerado do que os outros, mais paparicado, mais reconhecido, mais requisitado, porque tem os dotes necessários, se dedicou, trabalhou e treinou mais que os outros. Não há nada de errado nisso; pelo contrário, é meritório, é a recompensa individual. O que existe é a inveja dos marxistas às pessoas de sucesso.

A produtividade não tem nada a ver com baixos salários, como afirmam. Produtividade tem a ver com investimento de capital em fatores de produção, como máquinas mais moderas, automação e condições de trabalho. Aumentar a produtividade significa produzir mais com o mesmo número de pessoas em um mesmo espaço de tempo. Significa mais abundância de mercadorias à disposição da população, que obrigatoriamente significa preços mais baixos, que, dito de outra forma, significa salários mais altos e um povo mais rico. Mas, os marxistas não gostam de riqueza; gostam é de ver todos na miséria, como em Cuba, com exceção deles próprios.

No entanto, os marxistas têm razão novamente, em parte, em relação a um exército reserva de desempregados. Realmente, é óbvio que existe esse exército de desempregados. O que eles não revelam são os motivos que levam a esse exército de reserva. É que não existe um Livre Mercado em funcionamento em relação aos salários das classes mais baixas. Existe um salário mínimo tabelado por lei no Brasil e em outros países também, que está acima daquilo que a maioria dos microempreendedores consegue pagar no momento. Só as grandes empresas conseguem cumprir a legislação referente ao salário mínimo tabelado. Essas leis salariais são propostas e votadas por parlamentares contrários às Leis de Mercado, e os marxistas são os mais ferrenhos inimigos do Livre Mercado. Os marxistas e sua influência em toda a esquerda são os únicos responsáveis pelos baixos salários e pelo desemprego. A lei de oferta e demanda funciona também para o mercado de trabalho e não se pode ignorar esse fato. Se o trabalhador custa muito caro, o empregador não contrata. Se houvesse liberdade econômica, existiria um valor de salário que, se fosse praticado, acomodaria a todos os que quisessem trabalhar como funcionário de alguém em determinado momento. Um salário mínimo tabelado muito alto (apesar de ele ser baixo e insuficiente neste momento) é como uma escada em que faltam os primeiros degraus. As pessoas não conseguem acessar os degraus mais de cima. A extinção do salário mínimo tabelado e a liberdade de contratação entre as partes criaria os primeiros degraus, o que possibilitaria o alcance aos degraus mais altos no decorrer do tempo com o desenvolvimento econômico e a eliminação do exército de reserva mencionado por Marx e reverberado pelos marxistas ainda hoje.

Quando os marxistas acusam os empresários ocidentais de buscarem mão de obra barata na Ásia, eles só enxergam um lado da equação. Óbvio que essas empresas se beneficiam dessa mão de obra barata, mas a contrapartida em favor dos chineses, por exemplo, é negligenciada pelos marxistas. Qual era o nível dos salários na Ásia antes e depois da ida dos capitalistas ocidentais? A China na década de 1980, tinha uma renda média em torno de **300 dólares**. Foi justamente esse salário baixo que atraiu os capitalistas ocidentais. Lá no início da década de 1980 essa era a média salarial na China. O capital vai, se for permitido, aonde está menos desenvolvido e os salários são mais baixos. Vai, desenvolve e os salários vão aumentando naturalmente. De lá para cá essa renda salarial foi subindo gradativamente, porque é assim que o Livre Mercado funciona, é gradual e constante. O governo da China, apesar de ser comunista na política, permitiu a liberdade econômica e, agora, em 2022, a renda média dos chineses ultrapassou os **12.500 dólares**. Mas, não se sabe até quando o governo chinês vai continuar dando essa liberdade. A China está usando somente a parte econômica do capitalismo, porque as outras vantagens como liberdade de expressão, liberdade religiosa, liberdade política, que também fazem parte do capitalismo, são sonegadas aos chineses. Os capitalistas ocidentais, ao investirem na China, tiraram os chineses da miséria, elevando sua renda média em mais de 4.000%, ou seja, os chineses, hoje, têm uma renda 42 vezes maior do que tinham na década de 1980, graças ao capitalismo. Veja gráfico a seguir.

China e Pib per Capita de 1957 a 2022:

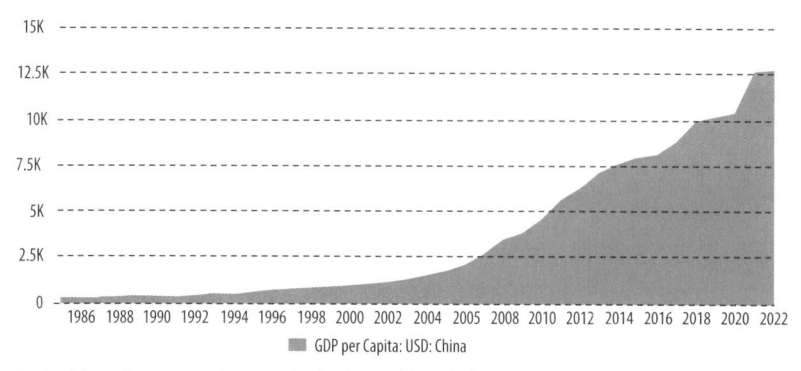

[Gráfico de área mostrando GDP per Capita: USD: China de 1986 a 2022, partindo de próximo a 0 em 1986, mantendo-se baixo até ~2002, crescendo gradualmente até ~2005, e acelerando fortemente até atingir aproximadamente 12.5K em 2022.]

Fonte: https://www.ceicdata.com/pt/indicator/china/gdp-per-capita

Se quisermos melhorar a vida dos brasileiros, é preciso alterar as políticas econômicas adotadas no Brasil nas últimas décadas. A recuperação dos estragos econômicos causados à população por políticas erradas vem de muito longe. Toda a legislação, e principalmente a trabalhista, que é de inspiração marxista, tem sido avaliada pelas intenções e não pelos resultados em que, fatalmente, se traduzem. As pessoas estão com medo de criar empresas porque terão de contratar outras pessoas. A legislação garante muitos direitos aos empregados, direitos esses muitas vezes impossíveis de serem cumpridos pelos microempreendedores. A nossa sociedade, hoje, apesar de toda a burocracia, da alta carga tributária, e de todo tipo de empecilho criado pelo governo, ainda possui alguma mobilidade entre as classes sociais. Não há uma proibição explícita contra a mobilidade social, mas toda a estrutura legislativa trabalhista, tributária, ambiental e de segurança existente inibe as pessoas a empreenderem, subirem na vida e criarem oportunidades para que outras pessoas menos empreendedoras possam subir também. Uma das intervenções mais agressivas contra a livre iniciativa e nocivas ao crescimento dos salários e a geração de empregos é, repito, o tabelamento do salário mínimo. Os políticos de esquerda partem do princípio marxista de que todo empresário é *opressor*, e criam todo tipo de entrave legislativo ao empreendedorismo, ao mesmo tempo em que criam todo tipo de vantagem para o empregado, o *oprimido*. Ora, isso inibe as pessoas a saírem da zona de conforto e iniciarem novos negócios. Poucos se arriscam a ser empresários. A maioria busca a tranquilidade de ser empregado. Ou seja, a legislação de inspiração marxista instituída em nosso país, que visa a beneficiar o trabalhador, dificulta a própria mobilidade social e cria o "exército de desempregados" mencionado pelos marxistas. Não percebem esses políticos (ou percebem) que as pessoas criativas estão em todas as camadas sociais, e que é daí que surgem novos empresários. Políticos de esquerda entendem que não é possível a troca de posições entre *exploradores* e *explorados*. Para eles o empregado sempre será empregado e o empresário sempre será o patrão. É baseado nessa visão ideológica marxista da luta de classes que criam todo tipo de dificuldade para quem deseja criar o seu próprio negócio. Na verdade, o objetivo do marxismo, que está presente em toda a legislação, é eliminar toda a iniciativa individual e encaminhar toda a atividade econômica para o domínio do Estado, para uma posterior mudança de estágio para o comunismo. O objetivo da extrema esquerda, representada por partidos como PT, PSB, PDT, PSOL, PSDB é criar empecilhos que inviabilizem a iniciativa privada. O objetivo dos comunistas é tomar o lugar dos empresários, dirigir a economia e acabar com a concorrência. Serão eles que, se obtiverem sucesso com seus planos nefastos, comandarão todas as empresas. É assim que funciona nos países comunistas. Quem comandou a economia em Cuba durante décadas foi Fidel Castro, na Coreia do Norte é Kim Jong-un, na Venezuela é Maduro, na Nicarágua é Ortega... É sempre o cabeça do partido. Quando, aqui no Brasil, fazem leis trabalhistas de inspiração marxista e todo tipo de ataque à iniciativa privada, não é para beneficiar os trabalhadores; é para beneficiar os governantes de esquerda, que visam, futuramente, a comandar toda a economia. Uma economia toda estatizada, cujos donos de tudo serão os componentes da cúpula toda poderosa. Lula já disse que "será no longo prazo; trabalho para isso porque é nisso que eu acredito".

O marxismo está impregnado nas mentes das pessoas, mesmo daquelas que juram que não são marxistas. É uma coisa inconsciente que foi trabalhada por longas décadas nas escolas e nas universidades, reverberando nos pensamentos e nas atitudes dos profissionais de todas as áreas do conhecimento e principalmente nos profissionais dos meios de comunicação de massa. Está presente no pensamento até daquelas pessoas que parecem ser mais esclarecidas, mas que no fundo sofreram e absorveram a doutrinação por longos anos. É mais fácil convencer as pessoas, de uma forma simplista, que a igualdade é possível, que basta dividir o bolo econômico igualitariamente. Eles pregam o marxismo sem mencionar o nome do seu criador, Karl Marx. É por isso que muitos marxistas honestos e ingênuos nem sabem que são marxistas. São papagaios que repetem os discursos dos marxistas inteligentes e de mau caráter, aqueles que pretendem dominar tudo. Mas as leis econômicas reais e naturais funcionam muito diferentes do que os marxistas acreditam. Segundo Mises, o modo de distribuição não é independente do modo de produção. Se os incentivos naturais de produção são retirados por intervenção estatal como tabelamento de preços, leis trabalhistas equivocadas, busca pela igualdade de renda, impostos progressivos e todo tipo de intervenção estatal, fica evidente que a produção material tende a cair, caindo junto a oferta de empregos, e, novamente, aumentando o "exército de desempregados de reserva". Marx dá a receita para destruir o capitalismo, como "imposto acentuadamente progressivo", "taxação de grandes fortunas", "perda do direito à herança", "confisco da propriedade privada" e tantas outras medidas que sabotam o funcionamento do Livre Mercado e depois diz que o capitalismo se autodestruirá. Tudo isso para parecer que o capitalismo cria mazelas e exércitos de desempregados, mas as mazelas que existem são em função dessas intervenções marxistas que vemos na nossa legislação. É muita cara de pau.

5. O PAPEL NEGATIVO DO CAPITAL FINANCEIRO

Se bem Marx descreve os mecanismos de exploração inerentes ao processo de acumulação do capital, é especialmente crítico com o capital financeiro, aquele que não tem um referente direto material na economia, mas que é criado de forma fictícia, como pode ser uma nota promissória ou uma obrigação da dívida.

Na época de Marx nem se podia pensar no nível de desenvolvimento que viria a atingir este setor da economia na modernidade, graças ao uso de computadores para realizar transações financeiras à velocidade da luz.

A especulação e a elaboração de complexos mecanismos financeiros – como os chamados de *subprime*, que deram pé à crise de 2007-2008 – são atualmente uma veraz confirmação das preocupações de Marx.

O mesmo ranço marxista contra a acumulação de capital aqui se volta especificamente contra o capital financeiro. Há economistas que tendem a separar a economia real da economia financeira, mas na realidade as duas áreas estão intimamente relacionadas. A área financeira é que fornece a mercadoria que possibilita a facilitação das trocas na economia real, ou seja, a moeda. As duas áreas interagem intimamente e uma depende da outra.

Se os marxistas pretendem criticar o capitalismo, a última coisa que eles devem fazer é usar o exemplo dos *subprimes*. Os *subprimes* foram uma intervenção violenta do Estado em desfavor do Livre Mercado. O governo dos Estados Unidos induziu, fomentou em demasia o mercado de imóveis naquele país antes de 2007. Como comentado anteriormente, os governos só conseguem fazer isso porque detêm o monopólio sobre a emissão de moeda e crédito. É o Estado que domina, através de regulações legislativas e do Banco Central, o mercado financeiro em todos os países. Não é o Livre Mercado que faz isso, não é o capitalismo. Nos Estados Unidos o Federal Reserve, que é o monopólio estatal recomendado por Marx, é o responsável pelo controle da moeda e do crédito. Quando o governo quer acelerar a economia ele emite moeda acima do normal e afrouxa o crédito baixando a taxa de juros do Banco Central. Isso realmente consegue fazer um aquecimento momentâneo na economia, porém não tem sustentação no longo prazo, porque o excesso de dinheiro e crédito traz um segundo efeito na economia, que é o crescimento dos preços (reflexo da inflação), e a insustentabilidade do crescimento econômico. Então, em um segundo momento o governo precisa controlar a inflação. Mas, o único remédio eficaz para a inflação é a restrição ao acesso de moeda e crédito. É o contrário do que fez anteriormente para acelerar o crescimento. E quando o governo passa a restringir o crédito, o resultado é uma recessão, é a crise. O capitalismo não precisa de governos para impulsioná-lo ou para freá-lo. Um capitalismo genuíno segue o seu ritmo sem muitos altos e baixos, mas sempre no sentido do crescimento da economia. As crises econômicas são produzidas pela intervenção estatal na economia. Então, essa estória marxista de que o capitalismo contém falhas intrínsecas é pura balela.

O que tem ocorrido nos últimos tempos com governos democráticos é que, quando a turma da esquerda marxista toma o poder, eles fazem de tudo para aquecer a economia através da expansão do capital financeiro, gastam além do recomendável, distribuem benesses para todos, desde os auxílios aos mais pobres até a *ajuda* aos banqueiros e aos grandes empresários. Assim eles ficam bem com todo mundo, fica parecendo que está dando tudo certo, mas, quando a dura realidade se impõe, todos saem perdendo. Quando o pessoal mais à direita ou liberais assumem o poder, é hora de corrigir as extravagâncias do governo de esquerda. Então o governo de direita, que é mais responsável, toma as medidas duras para trazer a economia de volta para a realidade. Apesar de fazer a coisa certa, governos ditos de direita são vistos com antipatia pela população semianalfabeta, que só enxerga onde foi o tombo, mas não vê que o escorregão (as medidas erradas) foi alguns anos atrás pelo governo de esquerda.

6. A CRIAÇÃO DE NECESSIDADES FALSAS

O século XIX ainda não havia visto o aparecimento da avalanche de propaganda comercial no rádio e na televisão, e muito menos os mecanismos modernos para personalizar as mensagens publicitárias na Internet, mas já Marx previa a capacidade do sistema capitalista para gerar alienação e necessidades falsas entre as pessoas.

"O alcance dos produtos e as necessidades se tornam uma espécie de estimativa e confabulação da servidão de sofisticados apetites imaginários, desumanos e inaturais", previu Marx, há mais de 150 anos.

No mundo atual os telefones se tornam obsoletos em alguns meses e a publicidade é responsável por convencer os clientes a comprarem o seguinte modelo. No entanto, os aparelhos eletrodomésticos saem com a obsolescência programada para deixar de funcionar aos poucos anos e criar a necessidade da sua renovação.

Aqui Marx e seus seguidores mostram bem toda a sua arrogância e autoritarismo. Eles querem saber mais do que as próprias pessoas o que é melhor para elas. É uma intromissão violenta e imoral na vida particular das pessoas, é o aniquilamento do individualismo, é o assassinato da personalidade. E aos que discordam e lutam contra o sistema comunista já instalados em alguns países sobra a eliminação do convívio social, ou com a prisão ou com a eliminação literal: o assassinato puro e simples. As pessoas são tratadas como gado pelos marxistas. O que as pessoas querem adquirir são "necessidades falsas", dizem eles; "basta o essencial", insistem. Mas nem o essencial o sistema marxista consegue proporcionar. Onde o marxismo foi implantado, milhões de pessoas morreram de fome ou foram assassinadas pelo Estado. Há vários *sites* e livros que confirmam a morte por inanição ou assassinato de mais de 100 milhões de pessoas nos países onde o marxismo foi implantado. No *link* a seguir temos alguns comentários sobre o tema, mas é só pesquisar um pouco que você vai encontrar muito material em fontes fidedignas.

https://bit.ly/3Z1ftEB

Certo dia, circulando pelas proximidades do Hospital de Clínicas de Porto Alegre, próximo à rua Ramiro Barcelos, enquanto esperava o atendimento a um parente, acabei observando o comportamento e as atividades das pessoas no cotidiano daquelas redondezas. Vi um homem tirando as medidas da porta de uma loja. Imaginei que aquele homem era o dono de uma marcenaria, que faria um orçamento, que entraria em negociação com o dono da loja e que se acertassem preço e prazo a loja receberia uma porta nova, talvez mais bonita ou mais eficiente e segura. Fiquei imaginando qual seria o seu plano e então passei a observar as atividades de outras pessoas.

Andei em volta da quadra e vi um senhor podando uma árvore de jardim; vi um caminhão entregando mercadorias numa loja; parei pra tomar um café e vi uma moça trabalhando no seu *laptop* em uma das mesas, provavelmente organizando as suas vendas; vi um cara carregando dois sacos de cimento em um carrinho de mão; vi uma senhora vendendo sacolé, provavelmente produção própria; vi um motorista de aplicativo *descarregar* um passageiro; ouvi o barulho de uma marreta batendo em uma talhadeira, vindo do interior de uma residência e me perguntei qual seria o tamanho daquela reforma e quem a teria planejado; vi um cara jovem e com a aparência saudável sentado no chão pedindo esmolas; vi uma pessoa varrendo a calçada da sua loja; vi o dono do restaurante fechando o caixa; vi as lojas abastecidas de incontáveis tipos de mercadorias e me perguntei quantas pessoas teriam contribuído para a fabricação de todos aqueles produtos, de quantos lugares teriam vindo e quanta logística teria sido necessária. Todas as pessoas envolvidas em todas essas atividades estavam tratando do seu próprio interesse particular, indo atrás das suas necessidades verdadeiras.

Todo empreendimento, para ter bom resultado, necessita de um planejamento em seus mínimos detalhes. Todos esses personagens tinham seus planos, seus objetivos e ninguém melhor do que eles próprios para executá-los. Agora imagine se meia dúzia de burocratas sentados atrás de suas escrivaninhas teriam condições de planejar e dirigir a vida de cada um desses personagens. Quem se der ao trabalho de um dia observar o comportamento humano e não tiver a pretensão de limitá-lo, escravizá-lo e dirigi-lo, jamais pensará em interferir em suas vidas e dizer quais são as suas necessidades. É por isso que os sistemas coletivistas não funcionam. Eles partem do princípio de que a cúpula é sábia e o povo é idiota. Na verdade, a cúpula é esperta e o povo inocente que acredita nela se torna escravo. Isso que observei hoje talvez não chegue a centilhonésima parte do que ocorre na realidade da cidade, do estado e do país. Como que uma cúpula de marxistas vai poder coordenar tudo isso? O marxismo é muito pior que utopia. É um abuso, uma afronta à inteligência e um atentado à moralidade.

Não é de admirar que Cuba não tenha nada. Pararam no tempo lá na década de 1950, quando o marxismo foi implantado. Lá eles não podem fazer seus próprios planos, cuidar das suas vidas como fazem em Porto Alegre. Lá eles não podem ter iniciativa; precisam obedecer às ordens dos governantes, que "sabem as necessidades" de cada detalhe de suas vidas. Alienado é aquele que acredita nas ideias marxistas e não vê a imensidão de possibilidades que existem no mundo real.

E quanto mais o tempo passa, quanto mais o mundo evolui, maiores são os estragos causados pelo marxismo na sociedade, com maior desemprego, mais pobreza e mais miséria. Isso porque com o desenvolvimento das técnicas de produção e aumento da **produtividade** no modelo capitalista (ainda que sabotado), cada vez menos pessoas precisam se dedicar à produção dos itens essenciais para a manutenção da vida, ou seja, cada vez menos pessoas precisam se dedicar a produzir alimentação e agasalho. E essas pessoas precisam fazer alguma coisa para sobreviver. E só a liberdade econômica, que permite a livre criatividade dos indivíduos e que realmente sabem das suas próprias necessidades, pode resolver esse problema.

A liberdade de empreender se torna cada vez mais importante à medida que o mundo evolui. Com liberdade as pessoas vão inventar novos modos de entretenimento, novas modalidades esportivas, novos serviços e um número inimaginável de atividades não ligadas aos produtos essenciais para a manutenção da vida, que são as áreas de alimentação e agasalho.

Você poderia argumentar que o Brasil não corre o risco de perder a liberdade porque o país não é marxista. E eu diria que você está enganado. Não é marxista no rótulo, mas seus princípios estão presentes por toda a legislação brasileira, e principalmente na legislação trabalhista. Por isso que há tanto desemprego no Brasil assim como em outras partes do mundo onde o marxismo também tem influência. Contrário ao sistema marxista em que a competição é proibida, o sistema capitalista é uma corrida, uma competição aberta, ainda que com muitos obstáculos colocados pelos marxistas, dentro do próprio sistema capitalista. Por isso que os produtos vão se superando em um ritmo alucinado enquanto que no sistema socialista estão todos amarrados e impedidos de agir e progredir.

Há uma crença entre a população, disseminada pelos marxistas, de que "as produções capitalistas são cada vez piores em termos de qualidade e durabilidade". Isso porque "os capitalistas são muito malvados e querem prejudicar os consumidores", alegam eles. A questão dos telefones celulares e dos eletrodomésticos em que os marxistas alegam a "obsolescência programada", nada mais é do que o resultado da evolução cada vez mais rápida e a superação dos modelos anteriores. Isso em uma linguagem de Livre Mercado se chama destruição criativa. O capitalismo destrói o método velho e cria uma nova maneira, mais rápida e mais eficiente, de produzir o resultado. Sem isso as lamparinas, antigamente alimentadas pelo óleo das baleias, jamais seriam substituídas pelas lâmpadas elétricas. Claro que os marxistas tinham que criticar os celulares, pois são eles que permitem a comunicação facilitada entre as pessoas, e os marxistas autoritários odeiam isso. A facilidade de comunicação não é bem-vinda pelos marxistas e por qualquer aspirante a ditador.

O desempenho da maioria dos aparelhos eletrônicos depende da frequência de trabalho dos microprocessadores. Quanto mais rápido o microprocessador, melhor o desempenho do produto. Os microprocessadores usados nos computadores da década de 1970 trabalhavam com uma frequência de 740 kHz (0,74 Mega).

> O primeiro *microchip* comercial foi lançado pela Intel em 1971 e chamava-se 4004. Era um *chip* bastante primitivo... e operava a apenas 740 kHz. Na verdade, o 4004 era tão lento que demorava 10 ciclos para processar cada instrução, ou seja, ele processava apenas 74 mil instruções por segundo, contra os vários bilhões de instruções por segundo processadas por um *chip* atual. Hoje em dia esses números parecem piada, mas na época eram a última palavra em tecnologia. O 4004 era cerca de 15 vezes mais rápido que o ENIAC e permitiu o desenvolvimento das primeiras calculadoras eletrônicas portáteis.

Depois a Intel criou o microprocessador 8080, que operava a uma velocidade de 2.000 kHz (2 Mega)

> Ele operava a 2 MHz e era capaz de processar 500 mil instruções por segundo, o que na época era um valor assombroso.

Em seguida foi criado o 8088, que operava a 4.700 kHz (4,7 Mega).

No final da década de 1980 surgiram os famosos computadores 386 e 486, que já trabalhavam com frequências de 100.000 kHz (100 Mega).

Já no final da década de 1990 surgiram os microprocessadores Pentium, que atingiam a velocidade de 450.000 kHz (450 Mega).

> Paralelamente, a AMD começava a ganhar mercado com modelos similares, principalmente com o AMD K5, forte concorrente do Pentium original. Dois anos depois, o Pentium II foi lançado, atingindo o *clock* de 450 MHz.

Nessa mesma época, a AMD desenvolveu CPUs que batiam de frente com a Intel, como o AMD K6. Por esse motivo, ambas as empresas travaram uma espécie de *corrida*, competindo para ver quem conseguia o maior desempenho e valor de clock.[10]

No início dos anos 2000, a velocidade dos microprocessadores chegou a 2.000.000 de kHz (2GHz – o popular 2 Giga). Os computadores atuais chegaram 4.000.000 de kHz (4 Giga), limitados a essa velocidade em função do aquecimento dos semicondutores. Mas, os países mais capitalistas do mundo, como Estados Unidos e Tigres Asiáticos estão desenvolvendo microprocessadores utilizando a tecnologia dos supercondutores, os quais lidam bem com o problema do aquecimento.

Outro comentário que se ouve com frequência é o de que os carros de antigamente eram muito mais resistentes do que os fabricados hoje em dia, e que a indústria automobilística faz isso para obrigar os consumidores a trocarem os seus veículos por modelos mais novos. Isso é mais uma grande bobagem inventada pelos anticapitalistas marxistas. Os carros da década de 1960 e 1970 (falo desses porque vivi essa época) enferrujavam com menos de um ano de uso. As oficinas de chapeação e pintura viviam lotadas de carros seminovos muito enferrujados, principalmente nas cidades litorâneas, que sofrem com a maresia. Existia até um preconceito, no mercado de carros usados, contra os veículos oriundos das cidades litorâneas.

O Chevette era um carro popular da Chevrolet da década de 1970. O motor desse carro era tão ruim que saía de fábrica queimando óleo, e era raro um desses veículos ultrapassar os 40 mil quilômetros rodados sem ter que reformar o motor. Hoje um carro popular da General Motors não enferruja mesmo que rode todo o tempo em cidades litorâneas, e atinge 400 mil quilômetros rodados sem nenhuma reforma de motor. Falo por experiência própria, porque possuí esses referidos modelos de carro desde a década de 1970.

---

[10] https://www.tecmundo.com.br/historia/2157-a-historia-dos-processadores.htm

Outro exemplo que mostra nitidamente uma evolução dos equipamentos e produtos criados pelo capitalismo, que utilizamos e que facilita a nossa vida, é o caso das máquinas de escrever. Na década de 1970 escrever um texto numa folha em branco com o uso de uma máquina de escrever era coisa para os profissionais da datilografia. Havia cursos para as pessoas se especializarem em datilografia. Era uma profissão. Um datilógrafo bom era capaz de dar 200 toques por minuto sem olhar para o teclado e sem errar. Não podia errar nem uma vírgula, cuja haste mecânica batia diretamente em cima de uma fita com tinta sobre a folha de papel, movida pelo dedo do datilógrafo, que ainda tinha de dosar a força da batida do dedo, sob pena de ter de começar a escrever a página inteira novamente. Se batesse o dedo com muita força, ficaria tipo **negrito**; se batesse com pouca força, a letra ficaria meio fraca, apagada. Não tinha como apagar; ficaria borrado, feio. Se não se exigisse muita qualidade no trabalho escrito, podia-se usar uma tinta branca com um pincelzinho para encobrir a letra errada e bater a tecla novamente com a letra certa em cima da tinta branca. Digamos que desse jeito seria um texto fraudado, e era bem trabalhosa essa correção. Um texto de um contrato não poderia conter esses erros e correções. Veja nos *links* abaixo dois modelos de máquinas de escrever.

https://www.youtube.com/watch?v=NslVS1pm-rs

https://www.youtube.com/watch?v=iynHe6E-8xI

Na década de 1980, a IBM lançou a máquina de escrever elétrica. Foi um avanço extraordinário. Ela era tão avançada que tinha até um botão para apagar alguma letra batida errada. E a força da batida no papel era sempre a mesma, independente da força com que o datilógrafo batesse na tecla, porque era um pulso elétrico. E o texto ficava bem uniforme. Na década de 1990 se populariza o pacote *office* da Microsoft, cujo editor de texto, além de sugerir a correção de erros de grafia e a possibilidade de introdução de novas palavras no meio do texto, ainda indica erros de concordância gramatical e sugere palavras para substituir as erradas, praticamente ensinando a linguagem correta aos semianalfabetos. Mais interessantes ainda são os editores de textos dos telefones celulares, que corrigem automaticamente as palavras escritas de forma errada e também vão sugerindo palavras e textos. E hoje em dia ninguém se espanta com o editor de texto por voz. Você fala e a máquina escreve o texto. E também o inverso: seleciona-se o texto e a máquina lê em alto e bom som. E você ainda pode escolher o tipo de voz que quer ouvir.

É por causa dessa evolução cada dia mais rápida das tecnologias que os produtos vão sendo substituídos. Então, essa ladainha dos marxistas de que o capitalismo produz porcarias para prejudicar os consumidores e torná-los cativos não passa de tentativas de ludibriar as pessoas menos atentas à realidade. Mas o pior é constatar que há muita gente estudada, pós-graduada e que se acha esperta, e acredita na falação caluniosa desses malfeitores ideológicos. Realmente, senhores marxistas, as coisas se tornam obsoletas no capitalismo pela velocidade com que o Livre Mercado competitivo desenvolve novas técnicas e novos produtos muito melhores que os anteriores. E, para desespero dos marxistas, as pessoas adoram o conforto e as facilidades criadas pelo Livre Mercado. Só falta as pessoas serem esclarecidas de que sem o capitalismo, sem o Livre Mercado todo esse conforto e todas essas facilidades de que as pessoas desfrutam, não existiriam. Olhe para Cuba e você verá como seria o mundo sem o capitalismo. Se bem que seria muito pior, porque Cuba se beneficia, ainda que de forma limitada, das inovações e do capitalismo dos outros países.

Gente da extrema esquerda já disse que o telefone celular foi inventado pelos comunistas. Pode até ser. As pessoas nos países comunistas têm a mesma inteligência das pessoas dos países livres. O que eles não têm é a liberdade individual para agilizar a produção e a comercialização de qualquer invenção e distribuir livremente aos consumidores. E os comunistas espertos, aqueles da cúpula, seguidores das orientações marxistas, jamais permitiriam uma produção em massa que facilita as comunicações entre as pessoas. Isso poderia facilitar uma revolta popular, coisa que eles jamais admitiriam.

Estranhamente, veem-se muitos marxistas inocentes passeando felizes pelas ramblas mundo afora com suas malas de rodinha, suas roupas de grife, seus cartões de crédito, alugando carros confortáveis e dirigindo sob a orientação de uma voz artificial vinda do Waze, ou chamando um Uber pelo seu iPhone 15 depois de viajar livremente em aviões rápidos e confortáveis, sem se dar conta de que sem o capitalismo que eles amaldiçoam, nada disso seria possível.

7. A GLOBALIZAÇÃO

"Encorajada pela necessidade de mercados sempre novos, a burguesia invade o mundo todo. Necessita penetrar por todas as partes, estabelecer-se em todos os locais, criar inúmeras formas de comunicação", asseveraram Marx e Engels no *Manifesto Comunista*.

Sua percepção da globalização dos mercados, acompanhada pela imposição de uma cultura determinada pelo consumo, não poderia ser mais exata.

Obviamente, Marx não poderia ser simpático à globalização, pois a globalização é o capitalismo global. Atenção! Não confundir globalização com globalismo. A globalização é a integração **econômica** dos povos, enquanto que o globalismo é uma tentativa de integração **política**, com interferência dos órgãos internacionais nas políticas internas das nações com vistas a um governo global. A globalização é o livre fluxo de pessoas, produtos, serviços e capitais pelo mundo inteiro. Ser contra a globalização é ser contra a liberdade dos povos. Os países socialistas são os que menos participam do comércio mundial, refletindo-se no baixo padrão de vida dos seus povos. A globalização não só é necessária como é indispensável para o melhor desenvolvimento das diferentes nações que participam dela. O globo terrestre é muito diversificado em termos de solo e principalmente em relação ao clima. Há grande diversidade de produtos agrícolas, sendo que cada produto exige um tipo de solo e de clima. Há produtos que exigem clima frio, outros, clima quente. Há países que têm grandes reservas de petróleo, outros são beneficiados pela natureza por outros tipos de minerais. Países que não são beneficiados pela natureza ou que sejam pequenos em tamanho se dedicam a desenvolver tecnologias. Enfim, cada país tem a sua vocação. No fim das contas, cada país produz em maior quantidade aquilo que é da sua vocação para trocar com outros países cujas vocações são diferentes. Isso se chama divisão internacional do trabalho. A grande vantagem de um mercado global é que as empresas podem produzir em alta escala de produção, reduzindo os preços unitários dos produtos.

Alguns, equivocadamente, responsabilizam a globalização pela desigualdade social. Já provei, nas páginas anteriores deste livro, que o problema não é a desigualdade, mas, sim, a pobreza. Além disso, ao contrário do que alegam, a globalização diminui a desigualdade entre os países. Imagine se o país que descobriu a penicilina não tivesse vendido para os outros países. O país que tem petróleo ficasse com todo o produto para seu próprio consumo. O país que produz altas tecnologias ficasse só para eles. O país com clima favorável para a produção de alimentos ficasse com toda a produção para consumo interno. Se cada país se fechasse com aquilo que é a sua especialidade e não fizesse comércio com o mundo, ele próprio não se beneficiaria daquelas coisas que são as especialidades dos outros países, ou seja, sem a globalização cada país teria que ser autossuficiente, e estaria em pior situação do que está hoje, porque não estaria se beneficiando dos avanços e das especialidades dos outros países. Sem a globalização todos os países seriam mais pobres do que são hoje. Quanto maior for a troca de produtos e serviços entre os povos, melhor será o padrão de vida das pessoas desses países.

No entanto, óbvio que a globalização não consegue levar os seus benefícios de forma mais completa aos quatro cantos do mundo por causa da interferência dos governos intervencionistas. Com a desculpa de proteger as empresas nacionais e a população, os governos sobretaxam as importações e as exportações, diminuindo o fluxo internacional de produtos. São governantes nitidamente contrários ao Livre Mercado, ou também podemos chamá-los de socialistas ou mais precisamente de marxistas. Está claro que isso diminui o comércio mundial para benefício de algumas empresas nacionais, geralmente estatais ou empresas de amiguinhos dos governantes. Não estou dizendo que as fronteiras do Brasil devam ser abertas abruptamente ao comércio mundial. As decisões sobre a economia nunca podem ser tomadas de sobressalto, mas sim de maneira gradual, com o tempo necessário para as empresas nacionais se adaptarem à nova situação. Mas é preciso apontar para uma direção, estabelecer um norte a ser alcançado, de tal sorte que em algum tempo não haja mais barreiras entre o comércio de todos os países com o Brasil. E o Brasil não precisa ficar esperando que os outros países se abram. Se o Brasil se abrir unilateralmente passo a passo ao comércio mundial, isso se refletirá em um crescente padrão de vida para os brasileiros. Isso é tão certo como dois mais dois são quatro.

8. O PAPEL DE PROTAGONISTAS DOS MONOPÓLIOS

Ao mesmo tempo, essa tendência é acompanhada da criação de monopólios transnacionais. Se bem que a teoria econômica liberal clássica assumia que a concorrência manteria a variedade de proprietários, Marx foi um passo mais adiante e identificou a tendência do mercado à fusão, com predominância da lei do mais forte.

Grandes conglomerados da mídia, companhias telefônicas e petroleiras são alguns dos exemplos atuais do processo descrito pelo marxismo.

Antes de acusar o mais forte, é preciso saber como ele se tornou mais forte. Foi por competência própria ou pela ajuda do Estado? Se foi pela ajuda do Estado, foi por um crime do governante que deve ter recebido uma boa propina. Esses governantes intervencionistas sempre arranjam a desculpa de que isso é para proteger a indústria nacional e gerar empregos. Predominância da lei do mais forte em Livre Mercado significa a predominância do empreendedor mais eficiente, que tenha a melhor visão e entenda de forma mais adequada as exigências do consumidor. O monopólio natural não é prejudicial. Significa que não há ninguém mais competente. E no momento em que aparecer alguém mais eficiente do que o monopólio existente, acaba o monopólio. Claro, desde que o governo não proteja o monopólio que já existia. Empresário nenhum merece proteção de governo nenhum, em relação aos concorrentes. O que os empresários merecem é a liberdade de empreender sem os obstáculos e as armadilhas colocadas pelos governos.

Este é mais um ponto em que Marx erra feio. Mas seus seguidores fanáticos continuam iludidos ou, convenientemente, levando alguma vantagem para continuar empunhando essa bandeira. É lógico que em um sistema de Livre Mercado não pode haver proibição à aquisição de uma empresa por outra. Apesar dessas aquisições ocorrerem com frequência, isso não significa o surgimento do monopólio. Indubitavelmente, os monopólios ocorrem e se mantêm por interferência de governos coletivistas. Na maior parte do mundo, as petroleiras são, outrossim, monopólios **estatais.** Os conglomerados da mídia são concessões do Estado. As companhias telefônicas em alguns países, como no Brasil, foram até poucos anos atrás monopólios estatais e ainda hoje são todas cabresteadas pelo Estado, e não há permissão para a entrada de novos concorrentes. Já foi bem pior no Brasil. Há pouco mais de 20 anos as telecomunicações eram monopólio do Estado e ter uma linha telefônica era coisa de rico, que até declarava no imposto de renda porque custava uma fortuna. E as tarifas eram caríssimas, quase proibitivas para quem não fosse rico.

Falava-se por telefone apenas o estritamente essencial. Conseguir uma linha telefônica, absurdamente cara, levava anos, depois de se inscrever na fila estatal. Hoje, qualquer um pode ficar horas se comunicando por chamada de vídeo com qualquer parte do planeta quase de graça, pela comunicação facilitada possibilitada pelo capitalismo que Marx tanto critica. Então, essa falação marxista de tendência a monopólios privados em Livre Mercado não condiz com a realidade. O protagonista dos monopólios é o *deus* Estado, adorado pelos marxistas. Em áreas com menos proibições como o sistema bancário, ainda que totalmente regulado e controlado pelo Estado, é crescente o surgimento de uma vasta concorrência, contando com mais de 150 bancos atuando no Brasil atualmente. Em outros países relativamente livres não é diferente. Além dos conglomerados tradicionais em que o Estado intervém, como petróleo, mídias e companhias telefônicas, há também casos de intervenção em outras áreas de atuação econômica. No Brasil ficou nítida a influência do Estado para a eliminação de pequenos empresários do setor de carnes durante os primeiros governos de Lula. Esse governo emitia títulos tomando empréstimo a 12,5% dos grandes bancos privados, que era o preço de mercado, e emprestava para os seus amiguinhos açougueiros a 6%. É como se você tivesse um comércio, comprasse feijão a R$ 12,00 e vendesse a R$ 6,00. Quem pagou essa diferença? Ora, você e o resto do povo na forma de impostos, ou seja, transferiu dinheiro dos pobres para os amigos ricos criarem o monopólio das carnes. Pequenos frigoríficos não puderam concorrer com a família Batista, que contava com as benesses do governo em forma de crédito barato, além da complementação com legislações que só os grandes poderiam cumprir. "A família Batista, que controla a JBS..., concluiu a compra da Smithfield e transformou a JBS em um império alimentar global – tudo com a ajuda de um banco estatal." Então, senhores marxistas, quem é que cria monopólios transnacionais? E se você souber de um monopólio privado criado no Livre Mercado, faça o favor de me avisar.

https://exame.com/negocios/baroes-da-carne-se-tornam-bilionarios-com-ajuda-do-bndes/

Não somos contra as grandes empresas; pelo contrário, somos muito a favor, mas desde que elas tenham crescido pela sua eficiência e competência próprias e não com a ajuda do governo tomando dinheiro dos pobres para beneficiá-las. Isso está totalmente contrário ao capitalismo de Livre Mercado.

Foi dessa maneira que o Estado contribuiu para a eliminação de pequenos e médios concorrentes sendo comprados pelos irmãos Joesley e Wesley Batista. O que me parece é que os marxistas espertos, aqueles que pretendem habitar a cúpula, querem fazer os marxistas ingênuos, aqueles que serão subjugados, acreditar na previsão furada de Marx da tendência do capitalismo ao monopólio.

BNDES gastou R$ 1,2 tri com empresas *amigas*, como JBS e BRF...

"'A Oi vai ser uma grande tele nacional', disse o (marxista) Lula em 2010, ao se referir à campeã nacional do setor de telecomunicação. O anúncio fazia parte de uma estratégia do governo: escolher determinadas companhias para se tornarem gigantes em seus setores e competir no mercado internacional. A estratégia seria colocada em prática pelos vultosos empréstimos que o BNDES (Banco Nacional de Desenvolvimento Econômico e Social) faria."[11]

9. A TENDÊNCIA SUICIDA DO CAPITALISMO

"Tudo o que é sólido se esvai no ar", resulta uma das reflexões mais pré-claras acerca do capitalismo no *Manifesto Comunista*. Marx e Engels perceberam a natureza criativa e, ao mesmo tempo, autodestrutiva do capitalismo, o qual, na procura de produti-

---

[11] https://economia.uol.com.br/noticias/redacao/2017/03/21/analise-bndes-gastou-r-12-tri-com-empresas-amigas-como-jbs-e-brf.htm

vidade ao preço que for, impõe um ritmo desumano de produção e consumo.

É precisamente essa tendência a que atualmente tem nosso planeta à beira do colapso.

É uma realidade cientificamente demonstrada o impacto do homem no aumento da temperatura global, embora alguns presidentes, como o dos Estados Unidos, continuassem negando.

Poucas pessoas se deram conta de que essa falação sobre o aquecimento global, encomendada a peso de ouro por grandes empresas multinacionais e pelos governos dos países ricos (eles também têm as suas campeãs transnacionais protegidas pelos governos) à cientistas dependentes de governos e não muito comprometidos com a verdade, com grande parte da imprensa tendenciosa apoiando e a maioria das universidades dando o seu aval, têm os marxistas como parceria. Juntaram-se os globalistas e os marxistas contra o capitalismo verdadeiro. Obviamente, cada qual com seus objetivos. Os marxistas porque amam a pobreza da qual se alimentam e odeiam a riqueza (dos outros) criada pelo capitalismo. Os marxistas se agarram em qualquer coisa que vá contra o capitalismo, e o aquecimento global veio a calhar. O capitalismo não é autodestrutivo como eles gritam. O capitalismo é agredido por todos os lados e mesmo assim sobrevive e sobreviverá, porque ele vem de uma força indestrutível do indivíduo pela sobrevivência. E os globalistas dos países ricos, como George Soros, Mark Zuckerberg e Bill Gates em conluio com seus governos e órgãos internacionais, como a ONU, também odeiam o capitalismo global, porque não querem a concorrência dos países em desenvolvimento, como Brasil, Índia, países da África, entre outros.

Mas, existem cientistas sérios, como o professor Luiz Carlos Molion e Ricardo Felício, que não se venderam para propalar as vontades de governos marxistas e proporcionar vantagens para grandes empresas já estabelecidas, além de um grande número de cientistas respeitáveis de outros países que não embarcaram nessa onda de difamação do dióxido de carbono. A tese do aquecimento global antropogênico só é unânime entre os cientistas ligados a governos. Veja exemplos nos *links* a seguir.

https://oglobo.globo.com/saude/ciencia/falhas-de-medicao-invalidam-tese-do-aquecimento-global-diz-cientista-3053337

https://www.manualdaquimica.com/quimica-ambiental/criticas-ao-aquecimento-global.htm

Os aquecimentistas não comprovaram cientificamente como o dióxido de carbono, gerado pelas atividades humanas, faz a diferença para o aquecimento global, como explica Ricardo Felício:

> Toda vez que alguém afirma algo, e se predispõem a fazer ciência, então precisa provar sua posição. Neste caso em particular, os chamados "aquecimentistas" fizeram uma afirmação que diz que o aumento de dióxido de carbono na atmosfera da Terra, causado exclusivamente pelas atividades de desenvolvimento humano, tem causado a elevação da temperatura do planeta. Quando este grupo resolveu afirmar isto, eles obrigatoriamente precisam apresentar algo que se chama EVIDÊNCIA. Quem nega esta hipótese não tem que provar nada. Quem afirma é que necessita provar e toda vez que os cientistas criticam e pedem pelas evidências, são rechaçados de céticos, de negacionistas e comparados com as piores coisas que se possa imaginar. São relegados como os maiores criminosos contra a "mãe Terra", contra a humanidade, contra a Natureza. Em breve, os críticos desta hipótese serão filhos de Satã. Assim sendo, verificou-se que não há sequer uma teoria do Aquecimento Global Antropogênico – AGA, mas sim uma hipótese (LINO, 2009). No estado em que as coisas se encontram, a ideologia ambiental, relacionada ao AGA, tornou-se religião (aliás, Gaia é religião, não Ciência). Os cientistas que negam

o AGA não precisam provar nada, mas mesmo assim o realizam na tentativa de fazer com que a razão retorne à Ciência, pois esta se afastou de sua missão. (LINO, G.L., 2009. *A Fraude do Aquecimento Global*, CAPAX Dei Editora.)

O Prof. John Christy, meteorologista dos EUA, declarou: "É extremamente frustrante, para um cientista, ver na mídia que cada desastre meteorológico está sendo acusado de mudança climática, quando, na verdade, esses eventos fazem parte da variabilidade natural do sistema climático".

Quando vejo a gritaria que os aquecimentistas fazem hoje, lembro-me do Plano Cruzado lá do ano de 1986, quando o Brasil sofria com altos índices de inflação. Lá, como agora, havia uma confusão entre causa e efeito. Lá, todos acusavam os empresários pela inflação, e hoje a maioria sabe que inflação é um fenômeno monetário causado pelo próprio governo, que detém o monopólio sobre a emissão de dinheiro. A inflação é a própria emissão de dinheiro sem lastro, e o efeito disso é a alta dos preços. Lá, em 1986, atacavam-se os preços com tabelamento e congelamento, acusando-se os empresários e não as causas – a emissão de moeda sem lastro. Era um ataque ao Livre Mercado, ao capitalismo.

Hoje ocorre a mesma situação. Os aquecimentistas responsabilizam o CO_2 pelo aquecimento global. "O CO_2 é produzido pelas indústrias capitalistas", dizem eles. Mudanças climáticas globais realmente ocorrem, mas não por causa do CO_2. Segundo cientistas renomados, o CO_2 aumenta quando aumenta o aquecimento global, e não o contrário. Ou seja, primeiro ocorre o aquecimento, a causa, e depois o aumento do CO_2, o efeito. Ainda assim a sua participação é ínfima na composição da atmosfera, conforme descreve Ricardo Augusto Felício, professor de Geografia e meteorologista. Além de o CO_2 contribuir com apenas 0,033% na composição da atmosfera, a influência humana nesse pequeno percentual é de apenas 1%.

Vale a pena ler o trabalho do professor Ricardo Felício sobre o tema do aquecimento global, cuja amostra reproduzo:

...a composição da atmosfera da Terra é dividida entre 78% Nitrogênio, 21% Oxigênio, 0,7% Argônio e todos os outros gases são chamados traços. O CO_2 possui a participação de 0,033% de todos eles, aqui inclusos os humanos... para se ter uma noção da escala dos processos, os fluxos estimados de CO_2 alcançam 210Gton/ano (Gigatoneladas por ano). Só os oceanos fornecem 90Gton/ano. Todos os outros processos fornecem o resto. O erro estimado para os fluxos é de 20% para mais ou para menos. Em outras palavras, o erro pode ser de 40Gton/ano a mais ou a menos. Nós humanos lançamos 4,1Gton, ou seja, somos 10% do erro dos fluxos estimados (ONÇA, 2011). Nestes termos, a fração de 0,007% que Mauna Loa registrou como elevação em 55 anos, a parte supostamente humana é de cerca de 0,0000976%. Até os insetos emitem mais que os humanos.[12]

Conforme escreve em seu livro *O Otimista Racional*, Matt Ridley sustenta que mesmo que as previsões alarmistas, sem comprovação científica, se concretizassem com a subida de 2 ou 3 graus Celsius na temperatura global, isso não seria tão desastroso quanto a proibição ao uso dos combustíveis fósseis para gerar energia barata para a diminuição da pobreza nos países em desenvolvimento. As formas alternativas de geração de energia atuais são muito caras para os países pobres. E a tendência de um país sem geração de energia barata é permanecer na pobreza. Energias alternativas são privilégios de países ricos, mas eles querem impor isso aos países pobres e em desenvolvimento. Ninguém aqui é contra a busca por energias alternativas e menos poluidoras, muito pelo contrário. Somos é contra a imposição dos globalistas ao uso dessas energias a quem não tem condições de pagar o seu preço, e proibir a outra. Somos é contra a criação dessa concorrência artificial através de subsídios contra os combustíveis baratos. Somos é contra governos e grandes empresários globais interferirem no processo capitalista de desenvolvimento humano. Somos é contra os países pobres não terem o direito de os seus povos enriquecerem, também.

---

[12] https://core.ac.uk/download/pdf/231200375.pdf

O que se tem visto é a mídia tradicional, comprada a peso de ouro e recheada de jornalistas doutrinados por décadas, tocar o terror com falsos relatórios alarmistas, sem comprovação científica, que não descartam a morte do planeta e um futuro tenebroso, sinistro. E o povo tem acreditado cegamente naquilo que grupos internacionais poderosos, através de uma imprensa tendenciosa, querem nos fazer crer. Devido a interesses econômicos internacionais inconfessáveis, os megacapitalistas dos países desenvolvidos, ladeados pelos seus governos, querem evitar a ascensão dos países em desenvolvimento, diminuindo, assim, a concorrência comercial internacional. E isso é antiglobalização. Isso é globalismo. Conforme mencionado nas páginas anteriores, existe uma diferença fundamental entre globalização e globalismo. A globalização é a concorrência comercial global. O globalismo é a proteção às grandes empresas dos países ricos contra a oferta de produtos mais baratos oriundos dos países em desenvolvimento. Globalistas são os que querem dominar o mundo, visam a formar um governo mundial. É um movimento político coletivista. É a "globalização política". O objetivo do globalismo é intervir nas políticas internas dos países para dirigi-los e controlá-los. Estão impondo essas pautas através da agenda 2030 da ONU. A ONU está dominada pelos globalistas, os poderosos burocratas mundiais que não foram eleitos por ninguém, mas que estão mandando no mundo. Globalização é o contrário. É um movimento econômico, é a divisão internacional do trabalho, é cada país produzindo aquilo em que tem melhor vocação, para comerciar com outros países que têm outras vocações. Globalização é a descentralização do poder econômico através do Livre Mercado. E o pior de tudo é que a farsa do aquecimento global impacta, negativa e precisamente, sobre as classes mais pobres do planeta, impedindo-as de se desenvolverem.

A ONU (Organização das Nações Unidas), órgão criado logo após o término da Segunda Guerra Mundial, em 1945, com a missão de promover a paz mundial, se transformou em um antro de anticapitalistas. Fugiu da missão a que se propunha pelas ações dos socialistas, que a dominam. Suas ações, atualmente, vão à contramão daquilo que é essencial para o desenvolvimento dos países mais pobres do planeta. Os relatórios alarmistas e catastróficos sobre o aquecimento global antropogênico (causados pelo ser humano) são contestados por inúmeros cientistas que não aderiram à fraude do IPCC – Intergovernmental Panel on Climate Change – Painel Intergovernamental sobre Mudanças Climáticas – órgão sob a denominação de organização **científico-política**.

São os poderosos dos países ricos, com seus *cientistas* parceiros, iludindo os formadores de opinião dos países em desenvolvimento. E os governos de esquerda, seguidores da ideologia marxista, em conluio com os grandes conglomerados mundiais, condicionam as grandes emissoras e os grandes jornais, que são os veículos de comunicação de massa, a divulgarem suas pautas esquerdistas, caso contrário ficam sem receber as exorbitantes verbas publicitárias. Jornalistas, por sua vez, são constrangidos pelos donos das emissoras e dos jornais, sob o risco de perderem seus empregos, a divulgarem as pautas impostas de cima para baixo. Entidades científicas que não aderem a essa pauta pré-estabelecida ficam privadas das verbas do governo. Cientista que não adere a essa pauta vertical pode perder o emprego. E assim a extrema esquerda, com essa narrativa, conseguiu montar a fraude. Jornalistas e cientistas não têm liberdade para falar a verdade. São todos calados por essa onda de extrema esquerda marxista, anticapitalista. A esquerda sobrevive dessas narrativas mentirosas. Inocentes úteis acreditam que os comunistas estão preocupados com o bem-estar do povo. Eles estão preocupados é em se manterem no poder para continuarem a viver suas vidas nababescas às custas da pobreza da população, custe o que custar.

> Isto me faz lembrar a fala de 2007 do professor Paul Reiter, do Instituto Pasteur. Como falamos sempre, a *mudança climática* não é ciência, é propaganda![13]

---

[13] https://revistaoeste.com/mundo/jornalista-aposentado-da-reuters-faz-desabafo-sobre-a-realidade-climatica/?amp;utm_medium=pushnotification

Os megacapitalistas dos países ricos encontraram um meio de mobilizar as massas e os governos no mundo todo em seu favor através da farsa do aquecimento global e terrorismo ambientalista, com a cooperação e a conivência de cientistas, de ambientalistas engajados e da mídia, todos devidamente remunerados por governos de esquerda para montar a fraude. A histeria está tomando conta da população que não tem acesso à verdade e está com a mente impregnada pelas mentiras marteladas diuturnamente por uma imprensa conivente com essa grande fraude. No fundo, essa hipótese aquecimentista tem por trás a ideologia marxista disfarçada de ciência. O que mais se ouve são pessoas comuns, ignorantes, e também as que pensam que são muito bem informadas, afirmarem que nós, os seres humanos, estamos destruindo o planeta. São papagaios repetindo o que ouvem e acreditando na mídia tradicional. Quando uma bobagem é repetida milhões de vezes, e pessoas ditas *de credibilidade,* são pagas para dizê-la, acaba virando *fato.*

> Eu não digo que não houve o aquecimento. O que eu digo é que há uma oscilação natural baseada nos dados históricos. E que, coincidentemente, todas as vezes em que o Pacífico se esfria ou se aquece, há um resfriamento ou aquecimento da temperatura do ar. Por que as águas do Pacífico variam de temperatura? Nós não sabemos. Aquele oceano tem a chamada Oscilação Decadal do Pacífico (ODP), que tem um ciclo de aproximadamente 50 ou 60 anos. Ou seja, ele passa 25 ou 30 anos mais quente e depois 25 ou 30 anos mais frio. E 60 anos é um período bem grande na vida de um ser humano. Eu não estou negando que houve um aquecimento nos últimos anos. O que eu digo é que esse aquecimento é natural... Em laboratório, foi demonstrado que estas partículas funcionam como núcleos de condensação, contribuindo para aumentar a cobertura de nuvens. Desde 2000, há uma tendência no aumento da cobertura de nuvens. Com isso, a tendência para os próximos 10 anos, enquanto o sol se manter nesse mínimo secular, é de resfriamento do planeta. Porque há a possibilidade de maior cobertura de nuvens, com consequente diminuição da entrada de radiação solar, resfriamento dos oceanos, que por sua vez vão resfriar a atmosfera.

Há uma repetitividade no clima: períodos em que há resfriamentos contrastando com períodos em que há aquecimentos. Este aquecimento que estamos vivendo agora, provavelmente já parou por volta de 2005 e já começou um período de resfriamento. Pelo menos, os satélites mostram que, nos últimos 20 anos, a temperatura do planeta tem se mantido estável, embora a concentração de CO_2 tenha aumentado mais de 11%. (Luiz Carlos Molion – Pesquisador da Universidade Federal de Alagoas.)[14]

Os cientistas contrários à hipótese do aquecimento global em função do CO_2 ainda não têm uma explicação definitiva para as causas das variações climáticas, porque há muitas variáveis, mas garantem que a culpa não é do CO_2. Eles afirmam que as mudanças climáticas – aquecimento e resfriamento – sempre ocorreram ao longo da história do planeta, mesmo em épocas em que não havia produção de CO_2 pelo homem, há milhares de anos. Abaixo um *link* interessante sobre a farsa do aquecimento global.

https://youtu.be/-cqyrDpz64k

Quando vejo todos os partidos da esquerda e da extrema esquerda marxista atribuir o aquecimento global à atividade capitalista com tanta ênfase prefiro acreditar em cientistas sérios e não em cientistas engajados. A turma que gritava pedindo o congelamento dos preços lá na década de 1980 e acusava os empresários de serem os responsáveis pela inflação é a mesma turma alarmista que hoje quer atribuir ao capitalismo um aquecimento global inexistente, provocado pelo ser humano. Variações climáticas existem, mas é da natureza do planeta.

---

[14] https://petronoticias.com.br/meteorologista-afirma-que-emissao-de-co2-nao-interfere-no-clima-e-preve-ainda-longo-periodo-de-utilizacao-do-petroleo/

10. A CAPACIDADE REVOLUCIONÁRIA DOS EXPLORADOS

O maior impacto de Marx na história não foi sua profunda análise acerca das contradições do capitalismo, mas seu apelo à construção de um novo tipo de sociedade: o comunismo.

Sua mensagem acerca de que as classes exploradas têm a capacidade de se revoltarem contra a opressão e a iniquidade fez mudar para sempre o século XX e inspirou revoluções na Rússia, China, Vietnã e Cuba, entre outros países. Seu apelo à unidade das classes exploradas mantém plena vigência no século XXI.

Não é a "capacidade revolucionária dos explorados" que impede uma sociedade mais próspera. O que impede uma sociedade mais próspera é a capacidade dos comunistas de criarem narrativas falsas para iludir os pobres coitados, que existem por causa da sabotagem ao Livre Mercado, que em muitos casos são apoiados até por aqueles que não são marxistas convictos, mas que agem segundo suas orientações.

O maior impacto de Marx na História não foi a sua análise rancorosa sobre o capitalismo; foram as consequências das ações daqueles que acreditaram na sua utópica doutrina, o comunismo, e causaram a morte de mais de 100 milhões de pessoas pelo mundo afora. Na verdade, é muito difícil interpretar Marx, descobrir o que ele pretendia. Já que ele compreendia as leis de mercado, e que o capitalismo produzia coisas baratas e com abundância, resta deduzir que a inveja e o rancor aos bem-sucedidos foram as grandes motivações de sua obra. Motivou os invejosos a pilharem a propriedade alheia sem o mínimo remorso.

Até novembro de 1989 os socialistas/comunistas conseguiam esconder as suas mazelas econômicas atrás da cortina de ferro. Naquele ano, com a queda do Muro de Berlim e o fim da União Soviética, o discurso de que "o capitalismo gera pobreza" e "o socialismo é a solução" não funcionou mais, porque ficou escancarado o fracasso do socialismo e as gritantes diferenças econômicas. Ingenuamente, autores liberais e conservadores consideraram essa vitória do capitalismo como o fim da História. "Acabou a briga, o socialismo morreu". Mas os comunistas não desistem nunca, e em 1990 criaram o "Foro de São Paulo" com a intenção de fomentar o comunismo nas Américas, já que no leste europeu a grande maioria repudiava essa maldita ideologia. Percebendo que o marxismo radical, através da luta armada, também não ia mais funcionar, eles passaram a apelar para o divisionismo social com as pautas identitárias como o feminismo, o racismo, o sexismo, o ambientalismo, etc., para iludir a população. E, infelizmente, tem funcionado. Eles nunca defenderam essas pautas antes; passaram a defendê-las **só depois que perderam o argumento (falso) de que o capitalismo gera pobreza**. Pessoas honestas estão acreditando nessas mentiras. Na verdade, quem lutou para acabar com o racismo foram os liberais, aqueles que realmente sempre lutaram pelas liberdades individuais do ser humano. Quem lutou para a emancipação feminina também foram os liberais. E, ao contrário do que faziam Che Guevara e Fidel Castro, comunistas ferrenhos, que matavam os homossexuais, que os mandavam para campos de trabalhos forçados para que "aprendessem a ser homens", é o liberalismo que defende o direito de qualquer ser humano, independente da sua condição sexual, de ter a sua vida particular da maneira que bem entender, desde que não infrinja o direito dos seus semelhantes. Essas pautas sobre os costumes foram usurpadas pelos marxistas comunistas e pela extrema esquerda em geral. Eles se dizem defensores desses grupos apenas para angariar simpatia e votos. Não há nenhum país comunista onde essas minorias, que eles dizem defender têm os seus direitos garantidos. Os comunistas iludem todos até chegarem ao poder; depois todos viram escravos. Se as minorias quiserem garantir os seus direitos, devem apoiar quem, de verdade, luta pela liberdade individual de maneira sincera.

E os grandes empresários também não querem o capitalismo, não querem concorrência. Fazem *lobbies* para garantir reservas de mercado junto ao governo. Os grandes empresários se tornam opressores quando entram em conluio com o Estado para ganhar privilégios. Por isso o capitalismo verdadeiro deveria ser uma reivindicação e uma luta justamente dos pequenos e médios empresários, dos empregados, dos desempregados, dos mais pobres, de toda a população que vive sendo explorada por governantes esbanjadores do dinheiro do povo e por empresários que vivem mamando nas tetas do governo. O capitalismo deveria ser uma reivindicação de todos aqueles que não têm força de *lobbies* junto ao governo, ou seja, deveria ser uma reivindicação da grande maioria.

Ao contrário do que berram os marxistas, no capitalismo não há contradição. Contradição há em Marx, onde ele critica a alta produção e os produtos baratos. Pode haver contradição em um sistema que, ao contrário do marxismo, que mata e corrompe, dá liberdade a todos para transacionar voluntariamente uns com os outros a fim de buscar a sua felicidade da maneira que bem entender sem causar dano e sem fazer uso da força e da violência contra quem quer que seja? Você pode achar que isso é exagero, mas dê poder aos marxistas e você verá Stalins, Mao Tsé-Tungs, Fidel Castros e outros bichos horrorosos brotarem feito ervas daninhas descontroladas dentro das universidades brasileiras. Aliás, isso já está ocorrendo.

No seu socialismo, que chama de científico, ele não dá os detalhes de como o mecanismo socialista vai dar os incentivos necessários para que as pessoas produzam o que precisam para sobreviver. Ele fala é em trabalho **obrigatório** para todos. Trabalhos forçados são uma realidade nos regimes socialistas/comunistas vigentes no mundo atualmente.

Será que Marx, lá em 1850, já tinha previsto o aquecimento global? Claro que não. Só hoje os seus adeptos estão se ancorando nele para dizer que ele tinha razão quanto à alta produtividade. Não há sistema que proporcione maior falta de confiança entre as pessoas, de menor transparência, de maior corrupção, de maior miséria, de maior exploração e de maior aniquilamento do viço humano do que o socialismo/comunismo, esse "novo tipo de sociedade", o "novo mundo possível", que os marxistas insistem. No sistema marxista sempre há uma cúpula privilegiada que leva uma vida de fartura e riqueza, enquanto a população passa fome. Apesar disso, há multidões de simpatizantes desse sistema que ainda vivem em relativa liberdade, como no Brasil, sonhando em alcançar, um dia, as maravilhas prometidas. Os marxistas ficam como uns demônios incitando as pessoas e encorajando-as a tomar a propriedade alheia como se elas tivessem esse direito. O ser humano, em geral, é muito manipulável e também se corrompe facilmente. E esses desgraçados sabem disso. José Osvaldo de Meira Penna, um político das antigas, já falecido, foi quem resumiu com perfeição os dois tipos de marxistas que existem:

> Os marxistas inteligentes são patifes. Os marxistas honestos são burros. E os inteligentes e honestos nunca são marxistas.

Uma pessoa íntegra, honesta e que não tenha o seu cérebro manipulado, não se sente bem em tomar a propriedade de outrem, como fazem os integrantes do MST, do MTST e outros bandidos marxistas semelhantes. Só bandidos e psicopatas se sentem bem após tomar a propriedade e tirar a liberdade de alguém. O socialismo e o comunismo são imorais, porque violam todos os direitos naturais do ser humano, como a liberdade, a propriedade e até a vida. Onde o povo teve a "capacidade de se revoltar" contra os criadores de riqueza e o marxismo foi implantado, as pessoas passaram a sofrer todo tipo de privações, a começar pela liberdade de se expressar, de religião, de comerciar, de viajar, de se alimentar. O sistema que o PT e seus puxadinhos marxistas almejam para os brasileiros pode ser chamado de demoniocracia, infernocracia, cleptocracia, proletariocracia, marxcracia ou qualquer palavrãocracia, menos de democracia.

O *site* do Terra nos traz informações sobre o número de pessoas assassinadas pelas revoluções marxistas em todo o planeta Terra. A maior capacidade dos revolucionários marxistas é a tendência ao assassinato em massa.

> De acordo com os cálculos da organização, o número de mortos pelos regimes comunistas em todo o mundo é de mais de 100 milhões. A China lidera o ranking, com o número estimado de mortes de 65 milhões de pessoas. Em seguida, aparecem União

Soviética, 20 milhões; Camboja, 2 milhões; Coreia do Norte, 2 milhões; países africanos, 1,7 milhão; Afeganistão, 1,5 milhão; países comunistas do leste europeu, 1 milhão; Vietnã, 1 milhão; América Latina, 150 mil; entre outros.[15]

Você consegue imaginar o que significam 100 milhões de pessoas mortas? É quase a metade da população brasileira. Um estádio de futebol abriga, em média, 50 mil pessoas. São 2 mil estádios de futebol cheios de pessoas mortas assassinadas ou de fome. Só em Cuba, que é um país minúsculo, o marxismo matou em torno de 150 mil pessoas. São três estádios de futebol lotados. Foram **só** 150 mil porque Cuba recebia alimentos da União Soviética para sustentar a população e por isso as pessoas não morreram de fome; morreram só fuziladas no *paredón* e afogadas nas fugas desesperadas em embarcações improvisadas para os Estados Unidos, onde os que venciam as águas do mar e os tubarões eram recebidos como refugiados. A União Soviética mandava alimentos não por amor aos cubanos, nem por estar sobrando por lá, mas porque não podia deixar a população do seu cartão de visitas da América morrer de fome. Eles queriam conquistar outros países no continente americano, inclusive o Brasil, e o socialismo/comunismo tinha que parecer funcionar.

Qualquer criança sabe, é lugar comum, que duas cabeças pensam melhor do que uma. Mas os comunistas querem nos convencer de que são eles que sabem de tudo e que a meia dúzia de cabeças deles são mais capazes que as 220 milhões de cabeças da população inteira. O comunista Flávio Dino, que era ministro da Justiça de Lula, já afirmou que "a liberdade de expressão foi sepultada no Brasil". Esse senhor, agora, é ministro do STF. E, obviamente, as outras liberdades nos serão roubadas também, se nada fizermos. Eles têm esperanças de continuar a expansão do seu sistema macabro ainda nos dias atuais. Para o bem da humanidade, é nosso dever esclarecer a população. É inadmissível que em pleno século XXI esse sistema genocida ainda continue a ameaçar a humanidade.

---

[15] https://bit.ly/4fpwVse

A DEMOCRACIA

Em uma democracia verdadeira, apesar de ela não ser um sistema perfeito, o poder está disperso entre a maioria da população. De tempos em tempos há eleições para que se escolham novos governantes que vão representar uma tendência sobre o pensamento do povo, e qualquer cidadão pode votar e ser candidato. Uma das características mais importantes da democracia é a alternância de poder. Há vários partidos políticos, cada um com as suas propostas. E a democracia tanto pode levar um país para o sucesso quanto pode levá-lo para o atraso, dependendo das escolhas que a população fizer. A possibilidade de uma simples maioria ter o poder de conduzir uma nação ao retrocesso é a grande falha da democracia. Na verdade, isto tem ocorrido até nos países mais desenvolvidos, como Estados Unidos, França, Inglaterra e tantos outros. Em muitas ocasiões a população escolhe governantes de esquerda. Mas a esquerda, apesar da aparente sinalização de virtudes, é o atraso da humanidade, porque ela adota políticas irresponsáveis, paternalistas, populistas, assistencialistas sempre com vistas no curto prazo, nas próximas eleições e não no longo prazo, nas próximas gerações. Uma das intervenções mais sinistras para a população, sob o aspecto econômico, é a manipulação da taxa de juros de forma artificial, sem levar em consideração os indicadores econômicos. Esse governo atual do PT berra aos quatro ventos que tem que baixar a taxa de juros do Banco Central. Baixando a taxa de juros a economia aquece de forma artificial, não se sustenta, mas dá a sensação para a população de que o governo está certo, porque o cidadão está podendo comprar mais. Só que o aparente sucesso econômico ocorre em função do endividamento e não da poupança prévia. Em médio e longo prazos ocorre inflação, recessão, desemprego e diminuição dos salários. Foi o que ocorreu no governo Dilma nos anos de 2015 e 2016. Lula quer repetir o erro.

Fazer sempre igual e esperar resultado diferente é de uma insanidade assustadora. Para resolver, ou amenizar esse problema, a população precisa ser esclarecida para não eleger esquerdistas. Mas para ser esclarecida não basta ter um diploma universitário. É preciso que entenda como o mundo funciona na realidade e não como os políticos de esquerda dizem que funciona.

> O que é preciso é convencer a maioria. Não é porque a maioria esteja sempre certa. Pelo contrário, a maioria muitas vezes está errada. Mas se você não quer recorrer a uma derrubada violenta do governo, você só tem um método: falar com as pessoas, escrever e falar de novo. (*Marxismo Desmascarado*, Mises, p.87)

Na verdade, a democracia não pode ser uma simples vontade da maioria. É preciso atender a certos princípios de justiça. Mas, a democracia é frágil e quando tomada pela esquerda, começa a desconstrução daqueles princípios de justiça. Devemos ter toda a liberdade para criar algo novo, com exceção da licença de criar uma maneira de destruir o nosso direito de criar. Ou seja, deve haver um princípio de liberdade na organização social baseado no direito de liberdade individual, que é essencial e que precisa ser mantido, sob pena da inviabilidade do progresso, aumento da pobreza e escravização da população. Por isso que liberdade de expressão é tão importante. E o governo de esquerda que nos governa atualmente está nos tirando a liberdade de expressão. É um dos começos da destruição da democracia. E ainda falam em nome da democracia. É muita hipocrisia.

Nos tempos atuais o Estado estendeu seus tentáculos sobre o ensino de forma generalizada, não só diretamente, pela administração direta das escolas e universidades, mas também pelas diretrizes que estabeleceu através do MEC (Ministério da Educação e Cultura) e que devem ser cumpridas também pelas instituições privadas. Por que tem que ser o Estado a ensinar aos nossos filhos o que eles devem aprender? Por que este monopólio? Este monopólio é uma vitória da esquerda, que consegue, assim, passar a sua ideologia para os jovens. É essa ideologia que coloca todas as mazelas da população, de forma equivocada, nas costas dos empresários. Socialistas e comunistas, ou seja, a esquerda, têm por objetivo criar dificuldades e até eliminar a classe empresarial. Para ganhar a simpatia de uma população ignorante basta apontar o dedo para os empresários ricos e atribuir-lhes a culpa pela pobreza existente. E é isso que eles fazem, não só no Brasil, mas no mundo todo. Essa visão de mundo contamina até pessoas graduadas e pós-graduadas que tiveram toda a sua formação sendo martelada com mentiras repetitivas. Mas, há luz no fim do túnel. Alguns estados da federação conseguiram aprovar o *home scholling*, que é uma forma de escapar do modelo esquerdista, estatista, coletivista até hoje imposto aos jovens brasileiros.

O povo que acredita que os políticos irão resolver todos os seus problemas está fadado ao fracasso. E a maioria dos políticos são ótimos atores; eles conseguem comover e convencer as pessoas de que se forem eleitos resolverão todos os nossos problemas. E esses políticos sabem muito bem explorar, com promessas falsas e apelo emocional, a natureza humana na busca pelo menor esforço possível. Em um país onde o analfabetismo é bem alto, o ensino básico é precário e as universidades formam analfabetos funcionais doutrinados pela extrema esquerda, como é o caso do Brasil, esses tipos de políticos nadam de braçadas. E se um político honesto falar a verdade em seu discurso, alertar que é preciso todos trabalharem duro para vencer na vida, que é preciso privatizar tudo, que é necessário tirar as empresas das mãos dos políticos, que não há "almoço grátis", esse político terá muito mais dificuldades para se eleger. Mesmo assim, a democracia ainda é o melhor sistema político que existe. Se o poder emana do povo, que o povo seja esclarecido. Essa é a missão dos liberais. E não precisamos de 100% da população esclarecida. Precisamos de apenas 50% mais um para fazer a maioria. E se a democracia for a ditadura da maioria, então vamos impor mais liberdade e mais prosperidade antes que a maioria menos esclarecida eleja os bandidos socialistas e comunistas e nos imponha o retrocesso e a escravidão.

Em uma ditadura, seja de direita ou de esquerda, o poder está concentrado em menos de 1% da população. E uma vez o poder concentrado, fica difícil a recuperação e a redistribuição. Esse 1% da população, cuja função é proteger o governo de revoltas populares, goza de privilégios que os outros 99% não podem alcançar. Esse 1%, além de obter as melhores posições na sociedade, com os melhores salários e as mais altas mordomias concedidas pelo governo, também são as que podem andar armadas e estão sempre em condições superiores ao restante da população. Por isso que os governos de esquerda lutam tanto para desarmar a população. Olavo de Carvalho disse que quem manda é quem tem as armas e não quem tem o dinheiro. Mas quem tem o dinheiro pode comprar as armas, ou comprar quem opera as armas, se estiver com intenções de controlar a população. Ocorre que em condições normais, em um sistema de Livre Mercado com um governo que não ameace as liberdades, os empresários não estão preocupados em tomar o poder; estão preocupados em cuidar das suas empresas, de olho na guerra saudável da concorrência comercial, guerra de preços pra ver quem consegue vender mais barato ou com mais qualidade. Mas quando a extrema esquerda toma o poder e leva adiante as suas metas, ela desvia o dinheiro dos impostos e o dinheiro das empresas estatais de suas finalidades originais, seja legal ou ilegalmente, adquire as armas e contrata os capangas necessários para subjugar os 99% da população que já tinha sido proibida de andar armada, e mantém o povo refém. Se no Brasil a esquerda ainda não comprou as armas, ou não comprou quem opera as armas, ou seja, os comandantes das Forças Armadas, como fez Hugo Chaves na Venezuela, é porque ainda não deu tempo. Por enquanto só deu tempo de roubar o dinheiro. Segundo o ministro do STF Gilmar Mendes, o PT tem dinheiro escondido para ganhar as eleições até 2038. Ainda segundo o ministro, o PT instalou um governo cleptocrata, ou seja, um governo de ladrões.

    Vou fazer aqui a transcrição literal sobre a fala do ministro Gilmar Mendes antes que o vídeo seja apagado por ordem de algum ministro do STF, do ministro Ricardo Lewandowski (agora ministro da Justiça de Lula), pelos seus autores ou pelos tendenciosos Youtube e Facebook:

https://www.facebook.com/watch/?v=1113460465352981

https://www.youtube.com/watch?v=dWTpTV9J5fQ

A Lava Jato estragou tudo. Evidente que a Lava Jato não estava nos planos. Por isso que eu disse que não tem mais relevância nenhuma. Porque o plano era perfeito, mas não combinaram com os russos. Isso é que ficou tumultuado. A Lava Jato revelou o que? Eu disse isso. Pelas contas do novo orçamento da Petrobrás 6,8 bilhões foram destinados a propina. Se um terço disso for para o partido, o partido tem algo em torno de 2 bilhões de reais em caixa. É fácil disputar eleições com isso. A campanha da presidente Dilma custou 350 milhões de reais, por isso que eu disse: eles têm dinheiro para disputar eleições até 2.038, e deixaria os "caraminguados" para os demais partidos. Era uma forma fácil de se eternizar no poder. Na verdade, o que se instalou no país nesses últimos anos e está sendo revelado na Lava Jato é um modelo de governança corrupta, algo que merece o nome claro de cleptocracia, é isso que se instalou. Isso está evidente. Veja o que fizeram com a Petrobrás, veja o valor da Petrobrás hoje. Por isso que se defende com tanta força as estatais. Não é por conta de dizer que as estatais pertencem ao povo brasileiro, porque pertence a eles. Eles tinham se tornado donos da Petrobrás. Esse era o método de governança. Infelizmente para eles e felizmente para o Brasil, deu errado. Isso revelou que nós estamos, neste caso, por conta desse método de governança corrupta. Nós temos, hoje, como método de governança um modelo cleptocrata.

Agora uma transcrição da fala do ministro Barroso:

https://www.youtube.com/watch?v=mB3WAjXCMPw

A Lava Jato não foi criminalização da política. O que aconteceu na Petrobrás foi crime mesmo, o que aconteceu na Eletrobrás foi crime mesmo, o que aconteceu na Caixa Econômica Federal foi crime mesmo, o que aconteceu no crédito consignado foi crime mesmo, o que aconteceu nos fundos de pensão foi crime mesmo, portanto a gente não deve criminalizar a política nem politizar o crime. Desvio de dinheiro de gerente devolvendo 150, 180 milhões de reais, não é possível alguém achar isso natural, isso não é política, isso é bandidagem, portanto, houve uma quantidade impressionante de coisas erradas entranhadas na estrutura do Estado. A corrupção no Brasil foi uma criminalidade estrutural, institucionalizada e sistêmica, e eu acho que, verdadeiramente, a Lava Jato ajudou a desvendar isso e a mudar a cultura de impunidade no País. Eu não sou um revisionista nessa matéria, não. Todos os melhores advogados criminais do País, de lupa, acho que acharam muito pouca coisa errada para você desacreditar na operação e ela mudou o Brasil. Infelizmente houve decisões judiciais das quais eu discordo que retardaram um pouco esse processo, porém, a sociedade já mudou...

O que será que fez os ministros Gilmar Mendes e Luís Roberto Barroso mudarem tão radicalmente de opinião em relação ao PT e à Lava Jato? E não só Mendes e Barroso. Rosa Weber e todos os indicados do PT ao STF. O que será que os motivou pouco tempo depois dessas falas contundentes, apoiar a candidatura de Lula à Presidência da República e inocentar toda a quadrilha que assaltou os cofres públicos do Brasil durante longos anos, e que antes condenavam com tanta veemência e com tão sólidos argumentos baseados em fatos reais por eles mesmos reconhecidos? E aquele ministro que é "amigo do amigo do meu pai", Dias Toffoli (que era advogado do PT antes de ser indicado por Lula para o STF), está agora, desavergonhadamente, despudoradamente, bandidamente anulando todas as condenações da operação Lava Jato. Como pode ser tão descarado? Sinto ânsia de vômito quando ouço esses canalhas falarem em democracia. E não só ministros mudaram de opinião. Há gente importante da imprensa e influenciadores da Internet que também mudaram de opinião inexplicavelmente. Será que tudo isso tem a ver com os dois bilhões de reais (ou muito mais do que este valor costumeiramente roubado das empresas estatais) que o PT roubou e agora estaria usando para comprar consciências? Ainda há os contratos bilionários *legais* de propaganda (mentirosa) do governo com a Rede Globo e as demais emissoras de rádio e televisão.

O processo de tomada do poder pelo método gramsciano é demorado e às vezes o povo se dá conta e impede o avanço da extrema esquerda. A Lava Jato deu uma boa enfraquecida nas pretensões da extrema esquerda brasileira e a eleição de Bolsonaro em 2018 cortou quase todas as torneiras que irrigavam o projeto de poder que estava em andamento no Brasil. Nos casos em que a extrema esquerda se instala no poder e consegue implantar a ditadura, a liberdade só será reconquistada por meio de revoluções armadas e derramamentos de sangue. Esse pessoal da extrema esquerda não larga o osso de jeito nenhum. É por isso que governos de esquerda se perpetuam no poder, como é o caso de Cuba, Coreia do Norte e mais recentemente a Venezuela. Os povos desses países perderam a liberdade, a dignidade, a propriedade e a esperança. São escravos de modelos coletivistas. Sem a ajuda de outros países esses povos jamais terão condições de reconquistar o poder e restabelecer a sua liberdade. Cuba teve o mesmo presidente, Fidel Castro, desde 1959 até 2008, quando abandonou o comando do país por motivos de saúde aos 82 anos de idade. Então, seu irmão, Raul Castro assumiu a presidência e governou por mais dez anos, até 2018. Cuba foi governada por quase 60 anos por apenas dois ditadores irmãos pertencentes ao Partido Comunista. Mesmo com a saída dos irmãos Castro do governo, a ditadura não acabou. O país continua sendo comandado pelo Partido Comunista cubano. Não há partidos de oposição em Cuba e quem ousar fazer oposição corre o risco de ser assassinado no paredão de fuzilamento ou ser condenado a longos anos de prisão. O mesmo está acontecendo na Venezuela. Maduro está prendendo ou afugentando os adversários políticos. Portanto, não podem ser chamados de democracias sistemas que não permitem a existência da oposição e a alternância de poder. E o engraçado, ou triste, ou trágico, é que a extrema esquerda brasileira (PT, PSOL, PCdoB, PDT, PSB, PSDB) considera aqueles países muito democráticos e sonha estabelecer um sistema semelhante no Brasil. Lula falou que existe "excesso de democracia na Venezuela". Frei Beto, um comunista ferrenho filhote da teoria da libertação, admirador de Lula e que se diz democrático, disse que "por mim, não deveria existir direita". Democracia para essa extrema esquerda é só quando eles estão no poder. Para eles, liberais e conservadores devem ser extirpados da sociedade porque são fascistas, e os socialistas e comunistas são democráticos. É imensurável a canalhice desses comunistas.

Uma ditadura de direita pode se caracterizar pela extinção dos direitos políticos, intervenção na economia, controles de preços, estatização de algumas empresas, não há liberdade de expressão, mas há alguma liberdade econômica ainda que com muita intervenção. Pelo menos o direito de empreender, o direito de ir e vir e a liberdade religiosa geralmente são preservados. Os ditadores de direita geralmente são nacionalistas, gostam de controlar o câmbio, os preços, a balança de comércio exterior e manter "empresas estratégicas" estatizadas. Eles gostam de dirigir a economia, mas contam com a ajuda da iniciativa privada sob as suas rédeas. Em resumo, eles permitem que você plante uns pés de alface, crie umas galinhas, monte a sua indústria, estabeleça o seu comércio, mas, em muitos casos, eles determinam os preços pelos quais você pode vender suas mercadorias. É a direita coletivista. Já a ditadura da esquerda não permite que você plante nada, nem crie nada, nem monte fábrica nenhuma, nem comercialize nada. Se você plantar algo, criar algum animal ou montar algum negócio, o Estado lhe toma e o pune.

A ditadura de esquerda, quando estabelecida integralmente, tem todos os defeitos da ditadura de direita adicionada de alguns agravantes: estatização total das empresas, perda do direito de abrir o seu próprio negócio, perda do direito de ir e vir, perda da liberdade de expressão e perda da liberdade religiosa. Por horrível que seja uma ditadura de direita, a ditadura de esquerda é incomparavelmente pior. Se a ditadura de direita é um sujeito atolado na areia movediça até o umbigo, a ditadura de esquerda é um sujeito atolado até o queixo. Em contraponto a tudo isso, o capitalismo liberal é o sujeito caminhando em terra firme a passos largos, com liberdade, sem obstáculos, rumo ao progresso. Pena que o brasil ainda não experimentou esse caminho de terra firme, e vive na areia movediça, ora mais profunda, ora mais rasa, ora da esquerda marxista, ora da direita coletivista. O capitalismo é a liberdade para construir o mundo, o socialismo é a proibição. Qualquer ditadura é moralmente condenável.

1964

Agora vamos analisar os acontecimentos ocorridos em torno do ano de 1964 no Brasil. É verdade que não houve uma guerra generalizada naqueles anos, quando os militares tomaram o poder, mas batalhas pontuais. E os comunistas brasileiros da época, apesar de pouco numerosos, não estavam para brincadeiras. Houve muitas mortes nos dois lados do conflito.

> As esquerdas alegam que o Regime Militar, ao longo de 21 anos, matou 424 dos seus militantes. É um número provavelmente inflado. Mortos comprovados são 293 – os outros constam como "desaparecidos" e se dá de barato que tenham sido mortos por "agentes do regime". Nessa conta, diga-se, estão quatro militantes da ALN-Molipo que foram mortos pelos próprios "companheiros". Ela também inclui os que morreram de arma na mão no Araguaia. O que não se diz é que o terrorismo de esquerda matou nada menos de 119 pessoas, muitas delas sem qualquer vinculação com a luta política. Quase ninguém sabe disso. Também se consolidou uma outra brutal inverdade histórica, segundo a qual as ações armadas da esquerda só tiveram início depois do AI-5, de 13 de dezembro de 1968. É como se, antes disso, os esquerdistas tivessem se dedicado apenas à resistência pacífica. Neste primeiro post sobre as vítimas dos terroristas de esquerda, listo apenas as pessoas mortas antes do AI-5: nada menos de 19. Em muitos casos, aparecem os nomes dos assassinos. (Reinaldo Azevedo, *No tempo em que era confiável*)[16]

Para termos uma visão mais próxima da realidade, não podemos analisar aquela época considerando a situação atual, embora estejamos correndo sérios riscos novamente. Precisamos contex-

---

[16] https://veja.abril.com.br/coluna/reinaldo/todas-as-pessoas-mortas-por-terroristas-de-esquerda-1-os-19-assassinados-antes-do-ai-5/

tualizar. Como estava a geopolítica no início da década de 1960? O mundo vivia o auge da Guerra Fria entre o capitalismo e o comunismo e esteve muito próximo de uma hecatombe nuclear pela ocasião da crise dos mísseis soviéticos na ilha de Cuba, em 1962. Dezenas de países já estavam sob o domínio comunista. Se o Brasil tivesse aderido ao comunismo, teria sido uma vitória imensurável para a União Soviética e um perigo para o resto do mundo livre. Então, é necessário revisar a situação geopolítica no início da década de 1960:

1) A revolução socialista cubana acabara de se consolidar com Fidel Castro no poder em 1959.

2) O muro de Berlim era construído em 1961, separando a cidade e o país em socialistas/comunistas de um lado e liberais/capitalistas do outro.

3) A União Soviética instalou mísseis nucleares nas barbas dos americanos, em Cuba, em 1962.

4) Vários países já estavam dominados pelos comunistas da União Soviética: Ucrânia, Belarus, Estônia, Letônia, Lituânia, Armênia, Geórgia, Moldávia, Azerbaijão, Cazaquistão, Tadjiquistão, Quirguistão, Turcomenistão e Uzbequistão foram sendo anexados pela União Soviética desde sua revolução comunista de 1917 até a 2.ª Guerra Mundial, na década de 1940. Quando a guerra terminou, União Soviética e Estados Unidos, que foram aliados para derrotar Hitler e o nazismo, entraram em acordo para dividir o território dos derrotados. Assim, surgiram a Alemanha Ocidental e a Alemanha Oriental, Coreia do Sul e Coreia do Norte, Vietnã do Sul e Vietnã do Norte. A partir daí, Estados Unidos e União Soviética passaram a influenciar e financiar a parte territorial que lhes coubera. Era de interesse da União Soviética espraiar o comunismo para o mundo todo e conquistar a hegemonia mundial. E os Estados Unidos lutavam para impedir o avanço comunista, garantir a liberdade aos povos e

expandir o capitalismo, mas sem dominar esses países, apenas tentar fazê-los progredir com autonomia e liberdade. E foi o que aconteceu: os países apoiados e protegidos pelos Estados Unidos se tornaram independentes e progrediram, mas os aliados dos comunistas ficaram atrasados e escravizados. Para forçar a rendição dos japoneses na Segunda Guerra Mundial, os americanos bombardearam Hiroshima e Nagasaki em agosto de 1945, com bombas nucleares. Rendido, o Japão se submeteu a quase uma década de ocupação militar pelos Estados Unidos. Os americanos impuseram uma constituição liberal e o sistema de Livre Mercado transformando o Japão em uma potente democracia independente. O Japão é o país desenvolvido e livre que é hoje graças aos Estados Unidos. Não foi necessário que os japoneses se insurgissem para retirar os americanos. Quando os Estados Unidos sentiram que o Japão podia andar com suas próprias pernas, se retiraram. Coreia do Sul foi outro país influenciado e apoiado pelos Estados Unidos cujo povo enriqueceu e vive em liberdade. Por outro lado, na mesma época, a União Soviética implantou ditaduras comunistas na Coreia do Norte, Alemanha Oriental, Vietnam, Cuba e ainda conseguiu anexar e implantar o comunismo na Polônia, Albânia, Hungria, Bulgária, Romênia e Checoslováquia (hoje dividida em República Checa e Eslováquia) no início da década de 1940, ficando todos os povos desses países empobrecidos, escravizados e subordinados ao comando central de Moscou. O muro de Berlim foi construído em 1962 pelos comunistas da Alemanha Oriental porque a população estava fugindo para o lado ocidental, capitalista. A verdade é que o povo não gosta do socialismo, e nem pode gostar mesmo, porque não há nada de bom, vai contra toda a natureza humana, a não ser quem tenha prazer em ser escravo, que aceite burocratas lhe dando ordem o tempo todo, ou que faça parte da cúpula privilegiada. Hoje estamos vendo a população da Venezuela fugindo para os países vizinhos. É o *socialismo do século XXI* em funcionamento. Se continuarem com o socialismo na Venezuela, terão de construir muros para impedir a fuga da população. Cuba, ao se tornar comunista, ganhou o apoio da União Soviética, inclusive com mesadas financeiras para empurrar o comunismo ao continente americano. Cuba era o cartão de visitas dos comunistas nas Américas.

5) Os comunistas tentavam estender seus tentáculos pelo mundo todo.

6) João Goulart, que era vice-presidente nessa época, andava muito enturmado com os ditadores dos países dominados pelo comunismo.

7) Jânio Quadros, presidente da República, renuncia em 1961 em meio a grandes conflitos sociais no Brasil.

8) João Goulart (o Jango) assume a presidência e nomeia Celso Furtado, um notório amante da intervenção estatal, como seu ministro do Planejamento.

9) Celso Furtado monta um plano econômico intervencionista visando a diminuir a inflação e aumentar o crescimento econômico utilizando-se dos métodos heterodoxos (anticapitalistas), como controles de preços e confiscos das propriedades privadas. Era um plano de reforma de base, com vistas a preparar o país para a subsequente implantação do socialismo. Obviamente, como qualquer plano econômico intervencionista, não funciona. A inflação sobe e o crescimento econômico não ocorre. Aumenta a pressão social.

10) Atiçado pelo, então, deputado federal Leonel Brizola, um socialista histórico, que era seu cunhado, João Goulart decreta o tabelamento dos aluguéis e estatiza empresas de petróleo pelo Decreto 53.701, de 13 de março de 1964.

11) Reforma agrária nos moldes socialistas estava no plano de base já assinado por João Goulart.

12) Todas as margens de estradas, ferrovias, rios e lagos estavam para ser desapropriadas (estatizadas).
13) O próprio governo de Jango planejava uma greve geral para o dia primeiro de maio de 1964.
14) O socialismo/comunismo, ilusoriamente mais promissor e falsamente mais humano, ganhava cada vez mais adeptos pelo mundo.
15) Tudo apontava para a instalação do socialismo/comunismo no Brasil.

Diante de tal contexto, alguém tem dúvidas de que o clima era muito favorável e de que o socialismo estava bem encaminhado para ser implantado no Brasil?

Vou abrir parênteses aqui: Há duas maneiras de implantação do socialismo em um país: (1) Método violento, pela revolução armada. Os primeiros países a serem tomados pelos comunistas por esse método foram Rússia e Cuba, por exemplo. (2) Método gramscista, que é o marxismo cultural. Esse método está em uso atualmente porque o discurso de que o capitalismo gera pobreza não funciona mais, dado que o capitalismo tirou vários países da miséria, inclusive a China comunista que adotou a parte econômica do capitalismo através do Livre Mercado. O gramscismo é um método demorado, lento, que vai se infiltrando na sociedade, começando pela educação de base até a formação dos profissionais de nível superior, que vão ser os intelectuais capilarizadores das ideias marxistas. Serão os formadores de opinião distribuídos nos postos chaves da sociedade. Um dos primeiros países a se utilizar do método gramscista foi a Venezuela. Faz mais de duas décadas que o país está se transformando em socialista. Já está bem adiantado. Já há bastante miséria e fuga da população.

Os comunistas de hoje têm o mesmo perfil daqueles ladrões lá do início da civilização que assaltavam os mercadores e em seguida instituíam o assalto como o imposto. O presidente da República do

Brasil é comunista e foi condenado por roubo em três instâncias judiciais. Depois os ministros comunistas do STF anularam todos os processos sem a menor cerimônia, na maior cara de pau, soltaram-no da cadeia e o elegeram presidente da República. As principais redes de comunicação já estão cooptadas pelos comunistas. A imprensa está quase toda corrompida, trocando altas verbas publicitárias por propaganda política para os comunistas. As universidades estão quase todas aparelhadas. O gramscismo no Brasil está bem adiantado.

Então, em 31 de março de 1964 veio o famoso "golpe militar" (ou contragolpe, porque um golpe comunista estava em gestação) e frustra as pretensões socialistas/comunistas.

Após os militares tomarem o poder, ocorrem as guerrilhas iniciadas pelos comunistas, os quais já tinham feito treinamentos em Cuba e na União Soviética, que não se conformam ao verem seus planos interrompidos.

Os militares tomam o poder e passam eles mesmos a seguir, infelizmente, em parte, o ideário socialista: restrição às liberdades políticas (o que talvez fosse necessário temporariamente), restrição à liberdade de expressão, criação de inúmeras empresas estatais (o grande e fundamental erro econômico dos militares), intervenção na economia, com controle de preços (outro erro imperdoável), controle do câmbio (outro erro), fabricação de inflação e nada de privatizações (erros graves). Estima-se que no auge do regime militar 70% da economia do país era representada por empresas estatais. Escolheram o modelo econômico errado a ser implementado. Escolheram um plano anticapitalista com restrições às liberdades básicas do cidadão. Foi péssimo para o Brasil. Já que estavam com o poder, perderam uma oportunidade de ouro para colocar o país no caminho da riqueza. *Queimaram o filme* daqueles que defendem o verdadeiro capitalismo. Porque para a esquerda e o povo ignorante, a dita direita, os conservadores, os liberais e os libertários pertencem ao mesmo grupo político. Mas é preciso saber identificar e separar os liberais, conservadores e libertários dessa direita coletivista, nacionalista e intervencionista que estava representada pelos militares que tomaram o poder.

Vinte anos depois os militares entregaram o país aos civis, espontaneamente, com altas taxas de inflação, muito estatizado e muito endividado interna e externamente, como resultado do coletivismo de direita praticado no período em que administraram o país. Mas, pelo menos, nos livraram do coletivismo completo, ou seja, nos livraram do socialismo.

Atualmente a nossa imprensa militante publica, com frequência, notícias sobre o período em que os militares estiveram no poder nas décadas de 1960 e 1970, com visível viés pró-esquerdista. As notícias são sempre no sentido de retratar os militares como monstros assassinos de inocentes, mas sobre os terroristas da extrema esquerda, gente violenta, raivosa, que atacava não só militares, mas também inocentes, nem um piu.

A notícia da figura da página anterior ilustra o ódio da luta de classes marxista visível nas ações desses desumanos ao descarregar 25 tiros numa pessoa pelo crime de ela ser um **empresário**, ou seja, ser um *opressor* segundo a cartilha marxista que esses guerrilheiros seguiam. A extrema esquerda da época não lutava por democracia, como tentam nos convencer hoje. Não era uma escolha entre democracia e ditadura militar, como querem nos fazer crer. Os esquerdistas lutavam por uma ditadura muito mais cruel, sanguinária e com vistas a se perpetuar: a ditadura socialista/comunista. Ao contrário, os militares não visavam à perpetuação no poder, mas apenas uma tentativa de correção de rumo. Tanto foi assim que devolveram o poder aos civis por livre e espontânea vontade em meados da década de 1980. Hoje a combalida democracia brasileira está em xeque novamente, sendo corroída por dentro por falsos democratas, que não desistem da ditadura do proletariado, e pela corrupção generalizada. Que as nossas frágeis instituições não se corrompam por completo, e que não seja necessária uma nova intervenção. Socialismo/comunismo não é algo desejado pela maioria do povo brasileiro, a maioria que quer trabalhar e produzir riqueza com liberdade, e os militares devem estar atentos a isso. É dever deles defender a nossa liberdade. Fernando Gabeira, que pertenceu a um grupo de guerrilheiros da época, deu uma entrevista esclarecedora sobre o pensamento daquele bando revolucionário, que transcrevo aqui e que pode ser vista no Youtube, no *link:*

https://youtu.be/cP5PGY08vbs

> Todos os principais ex-guerrilheiros que se lançam na luta política costumam dizer que estavam lutando pela democracia. Eu não tenho condições de dizer isso. Eu estava lutando contra uma ditadura militar, mas se você examinar o programa político que nos movia

naquele momento era voltado para uma ditadura do proletariado, então você não pode voltar atrás, corrigir o seu passado e dizer: olha naquele momento eu estava lutando pela democracia. Havia muita gente lutando pela democracia, mas não especificamente os grupos armados que tinham como programa esse processo de chegar a uma ditadura do proletariado. (Fernando Gabeira)

Hoje a esquerda faz a mesma coisa. Se finge de democrática para tomar o poder. Por isso é importante estudarmos a História, sabermos quais são as verdadeiras intenções da extrema esquerda. José Dirceu, o cérebro dessa extrema esquerda brasileira, já declarou que o importante não é ganhar as eleições, mas tomar o poder (e se perpetuar). Há muita gente hoje, e principalmente jovens recém-saídos das universidades que estão iludidos pelas aulas marxistas a que foram submetidos nas salas de aula. Eles só ouviram um lado da história. Aquele que está defendendo um lado, só mostra os seus pontos positivos e cabe ao adversário expor os pontos negativos do oponente. Nas universidades isso não é permitido, hoje. Há uma hegemonia da esquerda. Quem tem ideias contrárias é perseguido, humilhado, ridicularizado e não pode expor o seu pensamento. Mas é necessário ouvir os dois lados. Um vendedor só mostra os pontos positivos do produto que quer vender e cabe a você descobrir os pontos negativos. Ele não vai mostrar os pontos negativos e você não pode acusá-lo de estar mentindo, porque ele está apenas omitindo. Se você quiser descobrir os pontos negativos, pergunte ao concorrente dele. O concorrente já estudou isso e vai te dar de bandeja. É isso que um juiz faz em um julgamento: ouve os dois lados. Nós, cidadãos comuns, temos de agir como juízes, ouvir todos os lados, analisar os argumentos, ver os resultados. É por isso que a liberdade de expressão é tão importante. As decisões sobre a vida política do país não podem ser tomadas sem estudarmos as alternativas.

O grupo guerrilheiro que pretendia implantar o comunismo no Brasil mantinha também um tribunal para julgar, condenar e executar os próprios companheiros de guerrilha de quem eles desconfiassem de traição. E traição, no entendimento deles, era simplesmente abandonar o bando terrorista, discordar dos planos ou desviar dinheiro. Tudo isso era traição punível com a pena de morte, que de fato ocorreu em vários casos. Os comunistas são os piores tipos de assassinos que existem, porque matam sem remorso até os próprios companheiros. Mas isso não foi invenção dos comunistas brasileiros, porque Stalin, de quem eles eram e são admiradores, também já eliminava quem ameaçasse a sua posição, possíveis dissidentes ou os próprios camaradas de cúpula e subalternos. O socialismo e o comunismo são uma barbárie.

> A URSS matou mais comunistas do que qualquer regime capitalista.[17]

E esses *justiçamentos* dos comunistas brasileiros seriam fatos históricos a serem publicados e relembrados com grande alarde de tempos em tempos, assim como se faz com o nazismo, se fosse uma imprensa séria e isenta. Porque não se trata de simples assassinatos; trata-se de uma ideologia assassina que semeia o ódio. Mas como a imprensa está quase toda contaminada por comunistas, fica caladinha para esses casos e retrata os comunistas como sendo as únicas vítimas, além de demonizar os militares que combateram esses frios assassinos.

Salatiel Teixeira Rolim, o Chinês, que pertencia ao movimento comunista, teve sua sentença cumprida em 22 de julho de 1973 pelo guerrilheiro Vila. Carlos Alberto Maciel Cardoso, o Juca, foi assassinado num subúrbio do Rio de Janeiro no dia 13 de novembro de 1971. (https://youtu.be/JpM-1dcr6ao)

Veja um trecho da entrevista do assassino de codinome Vila, executor das sentenças, para a revista *Isto É* de 5 de agosto de 1987:

> Para executar a sentença, foram escolhidos os quadros que atuavam militarmente dentro da organização. É mórbido falar disso, mas a verdade é que o remorso não faz parte de uma concepção

---

[17] https://www.marxismo21.org/wp-content/uploads/2021/02/Resenha-Historia_da_URSS-.pdf (p.5)

de luta de classes. Ao contrário, o ódio de classe é uma coisa que nos mantém com o coração quente e a cabeça fria para executar qualquer coisa. Isso não quer dizer que fôssemos desumanos. Foi justamente por amor à humanidade que o fizemos.

"Hay que endurecerse, pero sin perder la ternura jamás!". (Você tem que ser duro mas nunca perder sua ternura.) (Che Guevara)

"Fuzilamentos, sim, temos fuzilado e seguiremos fuzilando enquanto for necessário..." (Che Guevara na ONU em 1964)[18]

Tem que matar com amor, com ternura, com carinho!

Carlos Eugênio Paz (olha que ironia, o sobrenome dele é "Paz") acha que executar alguém porque não está de acordo com a organização é uma coisa muito normal. Maria do Amparo de Araújo, outra justiceira comunista, também disse que faria tudo de novo. Agora imagina uma organização como essa, que é o socialismo na prática, governando o país. Você se sentiria tranquilo vivendo no Brasil sob uma organização desse tipo? Veja o vídeo no *link* abaixo.

https://youtu.be/WhdI88FPo7A

O marxismo não morreu. Existe muita gente hoje pregando o marxismo por aí, nas mídias sociais, em *blogs*, em *podcasts*, nas escolas, nas universidades e em todos os lugares. E quando alguém alerta sobre isso, os inocentes úteis dizem que estamos maluco, que isso é fantasia. E é isso mesmo que os comunistas querem. Eles não querem ser notados enquanto vão incutindo sua doutrina nefasta nas mentes das pessoas através da educação e da cultura. Então, há muita gente que se acha esclarecida pregando o marxismo sem saber o que está fazendo, sem se dar conta.

---

[18] https://www.youtube.com/watch?v=-2RkPNosJHo

O ódio exalado pelo guerrilheiro Vila não é uma característica exclusiva pessoal sua e de seus camaradas, mas faz parte da ideologia marxista que defendem.

> Descrevendo as fases mais gerais do desenvolvimento do proletariado, seguimos a guerra civil mais ou menos latente no bojo da sociedade atual, até a hora em que ela irrompe em uma revolução aberta, e o proletariado lance as bases de sua dominação pela derrubada violenta da burguesia. (Marx & Engels p.43)

Vejamos também o exemplo da extremista de esquerda Marilena Chauí, do PT, em um famoso vídeo onde ela também demonstra grande ódio pelas pessoas que preferem viver em liberdade. Transcrevo as palavras da marxista:

> E por que que eu defendo esse ponto de vista? Não é só por razões teóricas e políticas. É PORQUE EU ODEIO A CLASSE MÉDIA gritando). A classe média é o atraso de vida, a classe média é a estupidez, é o que tem de reacionário, conservador, ignorante, petulante, arrogante, terrorista, é uma coisa fora do comum a classe média. Então, eu me recuso a admitir que os trabalhadores brasileiros porque eles galgaram direitos, conquistaram direitos, esses direitos foram conquistados por 20 anos de luta, fora os 500 anteriores de luta e desespero, e dizer que essas lutas e essas conquistas fizeram a gente virar classe média, de jeito nenhum. A classe média é uma abominação política porque ela é fascista, ela é uma abominação ética porque ela é violenta, e ela é uma abominação cognitiva porque ela é ignorante.[19]

Outro comunista brasileiro que transpira ódio por todos os poros é Mauro Iasi, do PCB (Partido Comunista Brasileiro). Ele defende o fuzilamento dos liberais, conservadores e de qualquer um da direita, considerados seus inimigos políticos, a exemplo do que fazem em Cuba. Transcrevo aqui também o vídeo com o seu discurso de ódio:

---

[19] https://www.youtube.com/watch?v=svsMNFkQCHY

...no campo e na cidade pra construção de uma sociedade socialista. E é assim que nós enfrentaremos os conservadores, radicalizando a luta de classes. Mas, qual vai ser o nosso diálogo com esse setor? O setor conservador é perigoso porque lança suas garras na consciência da classe trabalhadora, é nela que nós temos que nos defender contra essa ofensiva conservadora e não no diálogo com eles. E eu espero contribuir com isso que o Gramsci chamava de intransigência com um pequeno poeminha do Bertolt Brecht que dizia numa situação aonde alguém da direita ao ser flagrado no seu trabalho miserável de fazer o jogo da direita pelos trabalhadores tentava argumentar com os trabalhadores que no fundo ele tinha posições de direita mas era uma pessoa boa. Ele era uma pessoa que tinha ideias próprias, que não se vendeu, que tinha convicções, que era uma pessoa sábia, e o Brecht então responde nesse poema o seguinte: É verdade, você é uma pessoa boa, porque tem convicções, mas quais são essas suas convicções? Você diz que é sábio, mas a quem serve a sua sabedoria? E contra quem ela é usada? Você diz que tem amigos, mas você tem amigos entre as pessoas que são boas ou entre os adversários? Você diz que não pode ser comprado, mas um rio que arrasa tudo numa inundação ou um raio que fulmina uma casa também não pode ser comprado. Nós sabemos que você é nosso inimigo, mas considerando que você como afirma é uma boa pessoa, nós estamos dispostos a oferecer a você o seguinte: Um bom paredão, onde vamos colocá-lo na frente de uma boa espingarda, com uma boa bala, e vamos oferecer depois de uma boa pá, uma boa cova. Com a direita e o conservadorismo nenhum diálogo, luta.[20]

E daí podem argumentar que isso é apenas um discurso, que é inofensivo, que o socialismo/comunismo morreu e que não precisamos nos preocupar com isso. Mas, esse Mauro Iasi é professor universitário. Então, não é de nos preocuparmos por termos tanta militância de extrema esquerda nas universidades? As pessoas jovens são sonhadoras, querem mudar o mundo, não têm experiência de vida, são submetidas a apenas um lado das teorias, enquanto o outro lado,

---

[20] https://www.youtube.com/watch?v=7Gl35OdKRxs

o capitalista liberal, é solenemente ignorado e/ou proibido nas salas de aula. Os jovens são presas fáceis e se tornam reféns da extrema esquerda militante, não podendo nem discordar sem serem ridicularizados e ameaçados. Na realidade, professores como Iasi envenenam os corações e corrompem as mentes dos jovens indefesos dentro das quatro paredes das salas de aula, onde não existe o contraponto porque eles não permitem. Eles são contra o diálogo, verbalizado declaradamente. Há vários relatos nas mídias sociais de casos em que liberais, ou conservadores, são constrangidos com violência por essa turma de cérebro sequelado pela doutrinação de extrema esquerda. Em pleno 2022, três candidatos a deputado do Partido Novo, que é um partido de viés liberal, iam fazer palestras na Unicamp para debater o tema das cotas, mas foram impedidos com violência física por um grupo de alunos de extrema esquerda, que nitidamente seguem a cartilha marxista de Iasi: nenhum diálogo. Luta. A velha luta de classes marxista em que os empresários (os burgueses) devem ser assassinados e eliminados da face da terra. *Links* da notícia:

https://revistaoeste.com/politica/ativistas-impedem-palestra-de-holiday-sobre-cotas-raciais-na-unicamp/

https://www.youtube.com/watch?v=3T1xygduP4o

O que dizer sobre esses camaradas que matam pessoas em nome de uma ideologia assassina, cruel e insustentável? Que matam os próprios companheiros, além de matar inocentes que nada têm a ver com as suas loucuras? São monstros, delinquentes, doentes mentais. Para implantar e manter um sistema socialista/comunista os responsáveis e seguidores precisam ser carregados de monstruosidade, e, ao contrário do que dizem, ter o coração frio e a cabeça deturpada. Dizer que o socialismo/comunismo é imoral é muito pouco, porque na verdade esse sistema é criminoso. Se a revolução deles tivesse sido vitoriosa em 1964, quem seriam os nossos chefes de governo hoje? Gente como Vila, Mauro Iasi e Marilena Chauí, esses doentes mentais que nos odeiam só porque nós amamos a liberdade e queremos cuidar das nossas próprias vidas. Na verdade, já tivemos a guerrilheira Dilma Rousseff na presidência da República. Ela conseguiu criar uma recessão sem nenhuma causa interna ou externa; apenas com sua própria incompetência administrativa. Pela sua falta de compreensão sobre o funcionamento dos mecanismos da economia. Pela tentativa de revogar as leis de mercado como todo marxista faz. Por viver em um mundo de fantasia inspirado na doutrina marxista. Foi retirada do poder pelo Congresso Nacional através de um processo arrastado, minucioso, democrático, seguindo todo o ritual burocrático, envolvendo todo o aparato legal previsto para esses casos. Ainda assim criaram uma narrativa mentirosa de que ela sofreu um golpe de Estado. E tem muita gente que acredita!

O PT só não conseguiu implantar o socialismo no Brasil dos anos 2000 para cá porque não deu tempo. Diferente do método violento marxista de revolução armada que foi usado na Rússia em 1917, em Cuba em 1959 e a própria tentativa no Brasil em 1964, o método de Antônio Gramsci, discípulo de Marx, utilizado pelo PT, ultimamente, é lento e envolve bastante tempo para ser implantado. Esse método é semelhante à caçada de uma cobra sucuri. Ela vai se aproximando lentamente da sua presa até a hora do bote fatal, quando prende a sua vítima num abraço mortal. É um processo com movimentos calculados de infiltração e aparelhamento, colocando seus *soldados* nos postos estratégicos do aparato estatal, como justiça, universidades, empresas estatais, forças armadas, e na imprensa, passo a passo. O método gramscista envolve mais de uma geração. Ele se inicia dentro das escolas com as crianças e vai até as universidades. Há um texto na Internet, de que não sei quem é o autor, que fala sobre como se capturam os porcos-selvagens. Segue o texto:

Havia um professor de química em um grande colégio com alunos de intercâmbio em sua turma. Um dia, enquanto a turma estava no laboratório, o professor notou que um jovem continuamente coçava as costas e se esticava como se elas doessem.

O professor perguntou ao jovem qual era o problema. O aluno respondeu que tinha uma bala alojada nas costas pois tinha sido alvejado enquanto lutava contra os comunistas de seu país nativo que estavam tentando derrubar seu governo e instalar um novo regime, um **"outro mundo possível"**.

No meio da sua história ele olhou para o professor e fez uma estranha pergunta: **"O senhor sabe como se capturam porcos selvagens?"**

O professor achou que se tratava de uma piada e esperava uma resposta engraçada. O jovem disse que não era piada. "Você captura porcos selvagens encontrando um lugar adequado na floresta e colocando algum milho no chão. Os porcos vêm todos os dias comer o milho gratuito. Quando eles se acostumam a vir todos os dias, você coloca uma cerca, mas só em um lado. Quando eles se acostumarem com a cerca, voltam a comer o milho e você coloca um outro lado da cerca. Mais uma vez eles se acostumam e voltam a comer. Você continua desse jeito até colocar os quatro lados da cerca em volta deles com uma porta no último lado. Os porcos que já se acostumaram ao milho fácil e às cercas, começam a vir sozinhos pela entrada. Você então fecha a porteira e captura o grupo todo. Assim, em um segundo, os porcos perdem sua liberdade. Eles ficam correndo e dando voltas dentro da cerca, mas já foram pegos. Logo, voltam a comer o milho fácil e gratuito. Eles ficaram tão acostumados que esqueceram como caçar na floresta, e por isso aceitam a servidão."

O jovem, então, disse ao professor que era exatamente isso que ele vira acontecer no seu país. O governo ficava empurrando-os para o comunismo e o socialismo e espalhando o milho gratuito na forma de programas sociais, bolsas isso e aquilo, estatutos de *proteção*, cotas para estes e aqueles, subsídio para todo tipo de coisa, pagamentos para não plantar, programas de *bem-estar social*, medicina e medicamentos *gratuitos*, sempre e sempre novas leis, etc, tudo ao custo da perda contínua das liberdades, migalha a migalha.

Dá para perceber que toda essa maravilhosa *ajuda* é um problema que se opõe ao futuro da democracia. Que Deus nos ajude se algum dia alguém fechar a porteira. Em Cuba já a fecharam há 50 anos, e agora parece que vão fechá-la na Venezuela também; a Bolívia e o Equador já começaram a colocar as cercas.

Há lugares que as cercas são colocadas de maneira mais rápida, mas há lugares onde as cercas são colocadas bem devagarzinho porque os porcos selvagens são mais ariscos...

O método gramscista foi utilizado com sucesso na Venezuela. Hugo Chaves se utilizou da democracia para chegar ao poder e destruí-la por dentro. Começou afugentando empresas estrangeiras que atuavam no país, estatizando-as. Para conquistar os votos, a economia foi sendo corroída por uma política populista de distribuição de benesses com excesso de gastos públicos, controle de preços de produtos, de aluguéis e da taxa de câmbio. Perseguia e fechava órgãos de imprensa que não queriam compactuar com suas políticas demagógicas, ao mesmo tempo em que colocava ministros alinhados com o seu governo na Suprema Corte. Com isso conseguiu aprovar várias modificações na Constituição, com ares de legalidade, para se perpetuar no poder. A ONU estimava que 8,9 milhões de venezuelanos deixariam o país até o final de 2022. Eles estavam fugindo da fome e da miséria causada pelo "socialismo do século XXI" que começou a ser implantado, lentamente, por Hugo Chávez em 1998.

Lula tem os mesmos planos para o Brasil. Faço a seguir a transcrição do trecho de um vídeo da década de 1980 em que ele descreve o seu plano diabólico:

https://www.youtube.com/watch?v=XZopA14xX2o

E acredito que esse modelo só poderá ser possível na medida em que a gente tente adaptá-lo a realidade cultural de um povo. Não dá pra você pegar o regime cubano, colocar num navio, trazer pro

Brasil, decreto-lei número 1 socialismo ala cubana, não dá certo! Eu acho que ele será demorado, ele será, sabe, penoso, mas será nos moldes em que a cabeça do povo brasileiro estiver preparada para implantá-lo. Acredito nisso, trabalho para isso, acho difícil que mesmo que a gente fizesse a revolução hoje nesse país, depusesse o governo, a gente pra implantar esse socialismo levaria em conta uns 30, 40, 50 anos para implantar. Por isso ninguém precisa ter tanto medo que não vai acontecer tão imediatamente, tá? Nós precisamos plantar agora pra colher daqui alguns anos. É nisso que eu aposto e é pra isso que eu trabalho.

E não pense que gente com a mentalidade assassina desses loucos só existia lá na década de 1960. O plano de Lula está dando certo. Temos os neocomunistas, forjados por esse plano de longo prazo, por aí disseminando o mesmo ódio e a mesma truculência de sempre. São filhotes de gente como esse tal de Vila, que não se identificou, mas disse ser professor universitário. E além de tudo eles mentem quando colocam todos aqueles adjetivos ("A classe média é o atraso de vida, a classe média é a estupidez, é o que tem de reacionário, conservador, ignorante, petulante, arrogante, terrorista") sobre os liberais e conservadores, ou sobre qualquer um que não compactue com as ideias socialistas/comunistas. É a narrativa deles. Pessoas liberais ou conservadoras querem apenas liberdade para trabalhar em paz, querem poder produzir, prestar serviços, seguir sua religião e comerciar com quem também quiser. Isso só pode ser considerado violência por gente invejosa, incapaz e de cabeças deturpadas.

E se você pensa que a extrema esquerda de hoje não é violenta, experimente dar-lhe poder para ver o que acontece. O pessoal da extrema esquerda de hoje rememora aquele período como se o Brasil de antes de 1964 vivesse o paraíso na terra e que os militares estragaram tudo. Mas, a história não é bem assim. A inflação no início da década de 1960 estava cada ano mais alta e no início de 1964 era projetada na casa dos 80% ao ano, dívida externa maior do que as divisas disponíveis, o desemprego em alta, ou seja, havia uma crise política e econômica.

Os governos dos militares, que dirigiram o Brasil por vinte anos, foram medíocres sob o aspecto econômico, com muito intervencionismo sobre a minguada iniciativa privada e um estatismo sem precedentes em áreas, consideradas, por eles, estratégicas. Administrar empresas não é função de um governo. Por isso que todos os países onde os governos dirigem a economia e criam empresas estatais empobrecem e a corrupção não tem controle. Não importa se o governo é de esquerda ou de direita, o fato é que o estatismo não funciona. Estatais não funcionam porque não têm donos para zelar pelo seu patrimônio. Elas são saqueadas quando a extrema esquerda assume o poder. A operação Lava Jato provou isso. E o dinheiro que eles roubam das estatais serve para comprar deputados que votem em seus projetos populistas para garantir as despesas das próximas eleições. Por isso não é recomendável que se lute para tornar o Estado eficiente. É necessário que se lute pela diminuição drástica do Estado ou até pela sua extinção em algum ponto no futuro.

Comparando a ditadura do Brasil com outras ditaduras mundo afora, fica curioso porque os militares brasileiros entregaram o país aos civis, espontaneamente, após 20 anos no poder. Fizeram uma transição tranquila para a democracia. Houve uma anistia ampla, geral e irrestrita para todos os guerrilheiros e simpatizantes que estavam exilados no exterior. E eles ainda receberam indenizações polpudas e continuam recebendo mensalmente por conta das *injustiças* cometidas pelos militares. Não se pode dizer que os militares não cometeram excessos, mas eles estavam defendendo a população brasileira do desumano e infernal sistema socialista/comunista, que esses guerrilheiros planejavam implantar no Brasil. Não foi necessária nenhuma contrarrevolução, nenhuma luta violenta, nenhuma resistência para tirar os militares do poder. Foi uma simples entrega do poder, quase como se faz hoje quando a faixa presidencial é passada ao próximo presidente. Pode-se inferir que os militares brasileiros não tinham uma sede de poder a exemplo dos irmãos Castro, dos ditadores norte-coreanos ou de Chaves e Nicolas Maduro, da Venezuela.

Mas acho que se os comunistas tivessem tomado o poder em 1964, que de fato poderia ter ocorrido, a nossa situação estaria drasticamente pior atualmente. Talvez ainda estivessem no poder e eu nem poderia estar aqui escrevendo este livro, e você não teria a oportunidade de saber como tudo aconteceu. Não se pode descartar a hipótese de que poderíamos ter nos tornado uma grande Cuba.

Em março de 1985 o último presidente do período militar, João Figueiredo, encerra a aventura dos militares no comando do país e quem assume a presidência é José Sarney, vice de Tancredo Neves, que morreu antes de assumir a presidência, através de uma eleição indireta, ou seja, foi eleito pelo congresso nacional. Depois de quase um ano da sua posse com a inflação em torno de 14% ao mês e fora de controle, Sarney e seus ministros João Sayad e Dílson Funaro lançam o Plano Cruzado, "o plano da inflação zero", em 28 de fevereiro de 1986, com o tabelamento de todos os produtos existentes dentro do país. Eles pensaram que podiam acabar com a inflação por decreto. Economistas heterodoxos, aqueles que pensam que podem brincar com as leis de mercado, nunca desistem de interferir na economia. Sarney e seus ministros mantiveram o tabelamento dos preços até novembro daquele ano, mês das eleições para governadores de estado. Os eleitores, ou seja, o povo, que não tinha noção sobre o funcionamento da economia, apoiava maciçamente o "Plano Cruzado", e o PMDB, partido do Sarney, elegeu 23 governadores dos 27 estados da federação. Logo depois de encerradas as eleições e com a escassez de todos os produtos, os preços foram liberados e os reflexos da inflação voltaram com mais força, chegando nos meses seguintes em torno de 20% ao mês. As eleições daquele ano foram chamadas de estelionato eleitoral por causa da insistência em manter um plano econômico sem fundamentos e que já mostrava a sua fragilidade nos primeiros meses de implantação. A democracia recomeçou muito mal, com o aumento da perda da liberdade econômica e até a prisão de empresários acusados do *crime* de praticarem a economia de mercado, com muitos deles tendo ainda suas mercadorias confiscadas pelo governo.

https://bit.ly/40MNiL1

Apesar de ser um plano totalmente contra as leis de mercado, o povo acreditava. Não me admira o povo acreditar porque as pessoas comuns têm uma ideia errada sobre a inflação. O que me admira, mesmo, são os economistas pós-graduados que acreditam que podem controlar a inflação por decretos de controles de preços. Nesse caso já não sei dizer se são desonestos ou ignorantes. A economia de mercado pode ser representada por uma equação com infinitas variáveis. Cada indivíduo, cada produto e cada unidade monetária representa uma variável. Por isso que os economistas heterodoxos (economistas intervencionistas) sempre se dão mal com seus planos *infalíveis*. Não é possível controlar as vontades e ações de cada indivíduo e o preço de cada produto colocado no mercado. Para o funcionamento adequado da economia, no sistema monetário atual, a única coisa que pode e deve ser controlada pelo governo é a quantidade de moeda em circulação.

A maioria do povo desinformado vê nos empresários os grandes responsáveis pela inflação. E o governo desonesto de Sarney e sua equipe, sabendo dessa crença popular, prendiam os empresários que ousassem reajustar os seus preços. Sarney era aplaudido por onde passasse. Em contrapartida, o governo imprimia dinheiro sem lastro como nunca antes na história do país. O governo sempre foi o único responsável pela inflação, porque detém o monopólio sobre a emissão de dinheiro. Veja o vídeo do *link* abaixo. O cidadão que aparece falando no vídeo, ordenando o fechamento de um supermercado que tinha reajustado os seus preços, deve estar, hoje, envergonhado do que fez.

https://www.youtube.com/watch?v=Cg9YbzadgNI

Depois de Sarney foi eleito Fernando Collor de Mello, em 1989, na primeira eleição direta para presidente depois de 1964. Seu governo foi marcado pelo sequestro da poupança das pessoas, por congelamentos de preços e pelo *impeachment*. Fez algumas coisas positivas também, como a abertura econômica à indústria automobilística e informática. Com o *impeachment* de Collor, Itamar Franco, que era o seu vice, assumiu a presidência em 1992. O ministro da Economia de Itamar, Fernando Henrique Cardoso, com uma equipe de economistas majoritariamente pró-mercado, criou o Plano Real com o objetivo de combater a inflação e criar uma moeda estável: o real, que utilizamos até hoje. Esse plano só obteve sucesso porque não negligenciou o desequilíbrio que havia nas contas públicas. Para equilibrar as contas o governo exigiu o sacrifício da população pelo aumento de impostos. Os recursos oriundos da privatização de várias grandes empresas estatais também ajudaram a equilibrar as contas do governo. Como sempre ocorre, o equilíbrio foi conseguido pelo aumento da arrecadação de impostos, com o sacrifício do povo, e não pelo corte de gastos, que seria o correto. Mas, pelo menos a inflação foi controlada.

Com o relativo sucesso do Plano Real, que conteve a inflação com um plano ortodoxo e a manutenção da responsabilidade fiscal, Fernando Henrique Cardoso se elegeu por duas vezes presidente do Brasil e governou até 2002. Nesse ano de 2002, o PT ganhou as eleições presidenciais e mais três mandatos consecutivos, 2006 com Lula novamente, 2010 e 2014 com Dilma Roussef. Dilma teve seu mandato interrompido por um *impeachment* em decorrência da sua incompetência administrativa.

Em todos esses governos, desde Getúlio Vargas e também durante os governos militares, sempre houve interferências na economia, leis trabalhistas retrógradas, controles de preços e salários, descontrole fiscal (gastos maiores que a arrecadação), Estado gigante, empresas estatais, burocracia asfixiante, carga tributária escorchante, corrupção, xenofobia ao capital estrangeiro, etc. Todas essas políticas são contrárias ao que se chama de capitalismo. Pelo uso da razão através do raciocínio lógico pode-se afirmar com segurança que nunca houve um capitalismo liberal no Brasil. Um sistema econômico com empresas privadas controladas pelo governo e monopólios estatais gigantes não pode ser chamado de capitalismo. E ainda há quem diga que o problema do Brasil por essas longas décadas foi o neoliberalismo ou capitalismo. Isso só pode ser patifaria da extrema esquerda ou burrice misturada com ignorância. O capitalismo nunca passou nem perto do Brasil.

Trabalho da PUC/RIO sobre a década de 1960:

http://www.econ.puc-rio.br/uploads/adm/trabalhos/files/td569.pdf

O capitalismo, através da liberdade individual, proporciona o aproveitamento máximo da inteligência, da vontade e criatividade popular dispersa na população, a serviço da própria população. É o povo pelo povo. O intervencionismo socialista é a concentração de toda a iniciativa na cúpula opulenta, criminosa, violenta, totalitária e invejosa dirigida por 6 ou 8 cabeças, proibindo a população de usar toda e qualquer iniciativa individual, condenando-a à estagnação, à miséria e à escravidão. Mesmo que os socialistas não consigam implantar o seu plano por completo, como é o caso do Brasil, eles criam todos os tipos de obstáculos e dificuldades onde ainda existe um pouco de liberdade.

Smartphones, telas de TV de 50 polegadas, *laptops*, fornos de micro-ondas, refrigeradores, aparelhos de som, aparelhos médicos sofisticados, comunicação facilitada e tudo quanto é bugiganga moderna que você vê ao seu redor e que todos adoram, não existiria se não houvesse uma legítima liberdade de empreender em alguns países mais capitalistas. Os socialistas ingênuos não entendem que quase todas essas coisas que existem para propiciar mais qualidade de vida à população são frutos do interesse egoísta e espontâneo de alguns capitalistas *malvados* e não do *altruísmo* deliberado dos políticos demagogos.

LIBERALISMO –
UMA ESCADA ECONÔMICA

Os polos industriais são um bom exemplo de como o ser humano é capaz de empreender, cooperar e fazer uma região prosperar com a multiplicação de empresas em torno de determinado tipo de negócio. E como surgem os polos industriais naturais? Como surgiu o polo calçadista no Vale do Rio dos Sinos e no vale do Paranhana, no Rio Grande do Sul, o polo do Calçado em Franca, São Paulo, o polo industrial de Móveis na Serra Gaúcha, o polo moveleiro em Umuarama, no Paraná? Veja no *link* abaixo um trabalho da economista Cláudia Andreoli Galvão sobre o polo industrial calçadista do Vale do Paranhana.

http://repositorio.ipea.gov.br/bitstream/11058/2508/1/td_0617.pdf

Vi isso funcionando na frente dos meus olhos no Vale do Paranhana. No início havia poucas fábricas de calçados. Como era um mercado crescente, alguns empregados que aprendiam o processo de fabricação abandonavam seus empregos para montar suas próprias fabriquetas. E isso foi se multiplicando no decorrer dos anos até formar aquele grande polo industrial calçadista. Não foi nenhum governo que planejou, nenhum governo que induziu. Aquilo se desenvolveu espontaneamente. Aquilo foi um *laissez faire* (deixe fazer) à brasileira. Mas em seguida o governo e os sindicatos foram atrás, taxando e dificultando. Essas ilhas de prosperidade ocorreram em diversas partes do país, e em diversos setores da economia. Milhares de pequenas fábricas foram criadas por ex-empregados de indústrias maiores, onde algumas se sobressaíram também como grandes indústrias. Vi também várias empresas quebrarem. Faz parte do jogo. A taxa de sobrevida das novas empresas no Brasil é de 5 a 6%. Morrem as empresas mais fracas e mal administradas, sobrevivem as empresas mais fortes e bem administradas; as pessoas, não. A baixa taxa de sobrevida das novas empresas se deve, em grande parte, às dificuldades impostas pela interferência burocrática, tributária e trabalhista dos governos intervencionistas agindo há mais de um século em nosso país e também por ser um processo natural de sobrevivência dos mais eficientes.

O Livre Mercado não tolera ineficiência, incompetência e falta de persistência. Sobrevivem os melhores. É o darwinismo econômico funcionando. É a seleção natural executada pelo mercado. Mas ninguém é devorado, literalmente, por ninguém. Não significa que um eliminado pereça igual a uma presa nas garras do predador, como na selva africana, como a esquerda tenta comparar e fazer parecer, acusando o Livre Mercado de *capitalismo selvagem*. Significa apenas que quem não tem competência para ser empresário resta-lhe trabalhar sob o comando de outro mais qualificado. E o Livre Mercado funciona assim justamente para um melhor resultado geral da economia.

Com outras atividades ocorre o mesmo fenômeno dos polos industriais. A maioria dos donos de restaurantes começa como garçom ou lavador de pratos. A maioria dos donos de lojas de piscinas começa como instalador ou tratador de piscinas. A maioria dos donos de farmácias começa ralando os cotovelos nos balcões desses estabelecimentos. É assim que novas empresas são criadas.

Políticos ideológicos de esquerda (socialistas), inspirados pelo marxismo, não percebem que o empregado de hoje poderá ser o empregador de amanhã e vice-versa, tudo dependendo de quem tiver mais aptidões e o dom de empreender. Mas a vida do empreendedor é muito dificultada em nosso país. Pegue qualquer cidade no país, escolha uma rua comercial e observe de porta em porta das lojinhas quantas pessoas estão trabalhando lá dentro. A maioria é de 1, 2 ou 3 pessoas, contando com os proprietários. De acordo com o SEBRAE, "os micro e pequenos negócios representam 99% do total de empresas no Brasil" e "54% dos empregos formais são gerados por esses negócios". São microempresas que geram de zero até 10 empregos. Mas, a maioria dessas microempresas gera menos de 3 empregos. E o maior entrave para quem está começando é não ter a liberdade para negociar o salário com o seu empregado. O microempreendedor não consegue suportar o salário mínimo atual acompanhado de todos os seus penduricalhos caros e obrigatórios. A extinção do tabelamento salarial com redução de encargos pelo governo representaria a colocação de uma escada entre o empregador, que já está em um nível econômico levemente mais alto e o desempregado, que se encontra em um nível inatingível pelo micro-empreendedor, por onde o desempregado poderia começar a subir com um salário mais baixo, degrau por degrau. A ala socialista/esquerdista berra que isso não tem dignidade e decreta salários que os pequenos não conseguem suportar. Mas o objetivo inicial do salário mínimo, quando ele foi criado no século passado, não era o de garantir subsistência mínima ao empregado; era com o objetivo de impedir que pessoas menos qualificadas tivessem acesso aos empregos e trabalhassem por um salário menor. Se a pessoa não tem qualificação nenhuma, o seu salário deve ser menor, para que seja viável a sua contratação. Já pessoas bem qualificadas são disputadas no mercado de trabalho e recebem ofertas maiores de salários. Isso funciona naturalmente, e quando o governo não permite, o resultado é o desemprego. Há vários países que não adotam o tabelamento salarial pelo governo, a exemplo de Áustria, Dinamarca, Finlândia, Noruega, Suécia e Suíça, entre outros. E os menores salários nesses países são altos o suficiente para manter uma vida digna aos trabalhadores. Veja artigo sobre o salário mínimo no *link* a seguir.

https://www.gazetadopovo.com.br/rodrigo-constantino/artigos/4-fatos-para-voce-enxergar-o-salario-minimo-com-outros-olhos/

Então, eles acham mais digno ficar desempregado? O resultado é um alto desemprego gerado por um salário mínimo tabelado muito alto para os padrões brasileiros. Tabelamento de salário é uma medida antimercado, portanto anticapitalista, é uma das maiores causas do desemprego e do subdesenvolvimento. No sistema capitalista, você não pode tabelar o preço de nada, nem dos salários. Então, não se pode dizer que o sistema capitalista gera desemprego. Quem gera o desemprego são os intervencionistas, os socialistas e os comunistas, aqueles que não permitem o funcionamento do Livre Mercado em relação aos salários dos empregados. São 7,5 milhões de desempregados e 3,3 milhões de desalentados (os que desistiram de procurar emprego) no Brasil, somando um total de 10,8 milhões de pessoas.

https://ibge.gov.br/explica/desemprego.php

Simultaneamente criam benefícios aos desempregados, bancados pelos que trabalham e produzem. Esse conjunto de medidas do governo tem triplo resultado nefasto para toda a sociedade: 1) Sobrecarrega quem trabalha e produz. 2) Incentiva ao não trabalho. 3) A maior parte do dinheiro arrecadado, via impostos, fica com a máquina do governo para bancar altos salários, privilégios e desvios daqueles que nos roubam, retornando as migalhas para o trabalhador preso no desemprego. O Estado, tomado pelos socialistas e intervencionistas, estimula o parasitismo e chama isso de políticas públicas.

Um país onde quase metade da população é extorquida, oficialmente, para bancar as esmolas doadas à outra metade, com a intermediação do governo, não tem como dar certo. É um esquema montado para manter os populistas no poder, e estes, por sua vez, tratam de manter esse exército de famintos, ansiosos para venderem seus votos à esses mesmos que os manterão na miséria. É um círculo vicioso.

https://revistaoeste.com/economia/quase-metade-dos-brasileiros-recebe-beneficios-do-governo/?utm_source=pushnews&utm_medium=pushnotification

A extrema esquerda tenta convencer o povo a trocar a sua liberdade por migalhas de alimentação, um muquifo para morar e educação (doutrinação) *grátis*, enquanto eles andam de jatinhos e vivem nas mansões. Os fracassados, os ignorantes e os pobres de espírito aceitam.

Enquanto houver um salário mínimo, decretado pelo governo acima do mercado, haverá sempre um fardo de desempregados sendo suportado por toda a sociedade. Em vez de dar essas bolsas isso e aquilo, não seria mais inteligente deixar que o mercado distribua através de empregos, diretamente, esses rendimentos entre esses que agora estão desempregados, ainda que com um valor menor do que o salário mínimo para cada um? Não seria mais conveniente evitar essa intermediação custosa do governo, que fica com a maior parte daquilo que arrecada e distribui como benefício aos desempregados? A iniciativa privada microempreendedora ganharia fôlego, aumentaria a produtividade e em pouco tempo os salários mais baixos poderiam subir gradativamente.

A existência do salário mínimo tabelado pelo governo acima do mercado é um dos principais fatores da falta de desenvolvimento do Brasil, porque mantém uma legião de pessoas desocupadas que poderiam estar trabalhando e produzindo, e outra legião de pessoas que poderiam estar montando empresas e criando empregos, mas não o fazem pelo alto risco de não conseguirem manter as exigências da legislação. É um modelo que inibe o nascedouro do crescimento econômico, prejudica a iniciação das microempresas, mantém o país atolado no subdesenvolvimento, com milhões de brasileiros vivendo na miséria e sem perspectiva de encontrar uma saída, à espera de soluções de políticos demagogos e mentirosos, distribuidores de migalhas em troca de votos.

Uma das vantagens da extinção do salário mínimo com redução das bolsas do governo é que essas pessoas que vivem disso poderão ter os mesmos rendimentos iniciais trabalhando numa microempresa, mas com a contrapartida da contribuição ao aumento da produtividade. Sim, porque assim ele não estaria apenas ganhando uma esmola dos outros trabalhadores através do governo. Ele estaria produzindo alguma coisa palpável em retribuição ao que receberia, e isso estaria sendo incrementado ao PIB. Assim também o governo deixaria de gastar bilhões com pessoas que nada produzem. E esses bilhões poderiam ser transformados em redução de impostos ou gastos para melhorar a segurança e a construção de presídios. Com a liberdade de mercado em relação aos salários haveria um aumento tão substancial na produtividade que os menores salários seriam, em poucos anos, superiores ao salário mínimo oficial de hoje. Porque o salário só pode ser alto quando a produtividade é alta. Não por acaso o Brasil está entre as piores colocações mundiais em termos da produtividade. Segundo um estudo do IMD (International Institute for Management Development) sobre competitividade global entre 63 países, o Brasil ficou na 59.ª colocação. (*link* abaixo)

https://forbes.com.br/forbes-money/2022/06/brasil-esta-na-lanterna-de-ranking-internacional-de-competitividade/

Rendimento não é papel pintado (dinheiro) na mão das pessoas. Ganho de produtividade é quando se produz mais feijão, mais arroz e mais caminhão com o mesmo número de pessoas. O dinheiro é apenas um meio de troca. A solução simplista dos intervencionistas populistas, marxistas e socialistas de todos os matizes é colocar dinheiro na mão das pessoas. Políticos de extrema esquerda e outros iludidos sempre trabalham com essas propostas. Lula, Ciro Gomes, Roberto Requião são os maiores defensores dessas ideias, comprovadamente prejudiciais aos mais pobres. Toda a ala esquerdista pensa assim. É uma solução que parece mais atraente para o cidadão comum desinformado, pois não exige esforço dele. Está claro que os socialistas/esquerdistas/comunistas não querem que as pessoas se desenvolvam por conta própria, porque neste caso o socialismo perde todo o sentido. Então, fazem de tudo para sabotar o funcionamento do Livre Mercado e manter a população na pobreza. Eles colocam areia na caixa de câmbio e depois dizem que esse sistema de engrenagens (capitalista) não presta. Esses políticos inescrupulosos usam esses artifícios para ganhar os votos daqueles a quem vão impor a pobreza inescapável.

> Se pobres votam na esquerda, então convém aos políticos de esquerda multiplicarem o número de pobres para se perpetuarem no poder. (Chico Anysio)

Percebe-se que os políticos de esquerda consideram as pessoas simples como desprovidas de inteligência e se arrogam no dever de proteger essas pessoas da ganância de "empresários inescrupulosos". Mas, lembrando a citação de Meira Penna, que diz que "os marxistas honestos são burros, os marxistas inteligentes são patifes. E os inteligentes e honestos nunca são marxistas", é possível depreender que os inteligentes são esses políticos, e os honestos são as pessoas que os elegem, ou seja, os políticos de esquerda se aproveitam da ignorância das pessoas. E a ignorância econômica não é *privilégio* das pessoas mais humildes. Há pessoas graduadas e pós-graduadas que são ignorantes em ralação aos mecanismos econômicos.

Não é difícil perceber o mercado de trabalho nitidamente funcionando em algumas ocasiões. Por exemplo, no auge da explosão imobiliária não se conseguia um pedreiro por menos de 300 reais por dia, quando em condições normais um pedreiro recebia uma diária de 150 a 200 reais. Os ganhos dos pedreiros tiveram aumentos de mais de 50% sem que nenhum desses que se dizem protetores dos trabalhadores tivessem qualquer envolvimento. Esses aumentos ocorreram porque o mercado assim o exigiu naquele momento. Os pedreiros são pessoas simples, alguns até semianalfabetos, mas sabem aproveitar as oportunidades do mercado. Os ganhos deles subiram não porque os políticos *bonzinhos* tabelaram as suas diárias, mas porque houve escassez dessa mão de obra. E, pelas leis de mercado, sabe-se que tudo o que é escasso é caro. E tudo o que é abundante é barato. Agora, se tivermos uma abundância de qualquer coisa, como ocorre com a multidão de desempregados, mas com o preço tabelado lá em cima, como é o salário mínimo (não que ele seja de um valor alto, pois na verdade ele é muito baixo, mas muitos microempreendedores não conseguem pagar, porque seus negócios faturam muito pouco), não haverá consumo dessa mão de obra, não haverá vaga de emprego. E o mercado de trabalho é um mercado como qualquer outro. Mão de obra escassa é cara, abundante é barata. Ir contra essa obviedade das leis de mercado é de uma insanidade assustadora.

Além de o salário mínimo estar, hoje, tabelado acima das possibilidades do mercado para a maioria das microempresas, há ainda outras implicações como resultado da excessiva interferência do Estado no mercado de trabalho. É o problema do passivo trabalhista que vai se acumulando com o passar do tempo, em função de multa por demissão sem justa causa mais alguns outros penduricalhos e ainda o risco de uma ação trabalhista. Se uma empresa em dificuldades demite parte de seus funcionários para salvar a empresa e o emprego dos outros que ficarem não é uma causa justa, por acaso? Para os criadores dessas leis nefastas, não é.

O Brasil, ao longo da sua história, esteve às voltas com períodos de crescimento econômico intercalados com períodos de recessão. Nunca houve um período longo de crescimento sustentável. E as empresas são obrigadas, nesses períodos de turbulência, muitas vezes, a dispensar uma parte dos funcionários, sob pena de comprometer a continuidade do negócio. Se continuarmos com o entulho legislativo trabalhista e tributário em vigor será quase que impossível o Brasil ter um crescimento que se sustente ao longo do tempo. Mas, se tivermos coragem, sempre é tempo de corrigirmos o rumo e removermos todos os obstáculos colocados pelos socialistas, que, mesmo em tempos normais, dificultam o desenvolvimento do país. Urge criarmos um ambiente mais livre para que pequenos possam se relacionar mutuamente como pequenos em degraus mais baixos de valores, compatíveis com o nível de desenvolvimento da economia do momento, e se desenvolverem. O salário mínimo tabelado pelo governo tem que ser extinto, ainda que outras medidas de liberdade econômica também sejam necessárias, porque a livre negociação salarial é a melhor saída para a retomada do desenvolvimento econômico, com consequente elevação dos salários no médio e longo prazos. As patas do governo têm que sair, necessariamente, de cima da germinação de novas microempresas. É o caminho mais curto para a diminuição da pobreza. Estas são ideias liberais que podem ser vistas como uma espécie de escada econômica por onde os microempreendedores e desempregados poderão subir e se consolidar. Passou da hora de banirmos a legislação socialista que atrasa a vida dos brasileiros mais pobres. É chegada a hora do verdadeiro capitalismo ser posto em prática para melhorar a vida de todos.

https://g1.globo.com/empreendedorismo/noticia/2022/02/04/pequenos-negocios-foram-responsaveis-por-78percent-dos-empregos-criados-em-2021-veja-lista-dos-setores-em-alta.ghtml

O PARADOXO DO INDIVIDUALISMO

Há séculos um duelo religioso, político, moral, filosófico e econômico vem ocorrendo entre o individualismo e o coletivismo. O individualismo que trago aqui é o modelo econômico antagônico ao modelo socialista, é a liberdade individual aplicada para o desenvolvimento econômico de toda a sociedade. O somatório de sucessos individuais se traduz no sucesso de toda a sociedade. O individualismo não significa falta de solidariedade. Significa que terceiros não podem invadir e tomar a propriedade privada para fazer caridade com outras pessoas. Isso é um roubo que tem ocorrido, mesmo que seja através de impostos para redistribuição de renda, que pode ser até legal, mas é imoral. Normalmente as pessoas são caridosas voluntariamente. Mas quando o governo toma por meio da força quase 50% de tudo o que a sociedade produz, as pessoas não se sentem incentivadas a fazer a caridade. Se é assim, então o governo que atenda aos necessitados, pensam eles. E o governo não atende porque é incapaz. Para nos tirar, o governo é muito eficiente, mas para devolver, não. E as pessoas só vão agir para ajudar os outros em casos de extrema necessidade, como catástrofes. A ação voluntária de milhares de pessoas pôde ser vista na prática na tragédia da enchente do Rio Grande do Sul. Enquanto o Estado ficou amarrado em decisões burocráticas e falta de ação, que é o que sempre ocorre, a população salvou milhares de vidas, se ajudou mutuamente e todos perceberam que não dá para cofiar e esperar soluções do Estado. Criaram até um *slogan*: "O povo pelo povo". Essa tragédia serviu para provar que o povo pode viver muito melhor sem o Estado, sem esse bando de políticos enganadores, mamadores, e ladrões dos recursos privados. Outro caso que salta aos olhos e que mostra a incompetência intrínseca do Estado foi o caso da ponte construída pela iniciativa privada que liga as cidades de Farroupilha e Nova Roma do Sul.

A ponte velha tinha sido levada pelas águas da enchente de setembro de 2023. O governo do estado do Rio Grande do Sul orçou a ponte em 25 milhões de reais para ser entregue somente em 2025. A população das duas cidades se mobilizou, arrecadou o dinheiro dos particulares, construiu a ponte em 138 dias a um custo de 6 milhões de reais.

Ayn Rand, a filósofa do objetivismo, que defende um modelo de sociedade aberta e livre, disse: "A menor minoria da sociedade é o indivíduo" e quando o indivíduo não tem a sua propriedade respeitada, a sociedade não progride porque não há confiança nas instituições. Grupos políticos de esquerda costumam defender as minorias coletivas, mas se esquecem da menor minoria de todas, que é o indivíduo. Os coletivistas sacrificam (anulam) o indivíduo, e todo o seu potencial criativo, em nome de uma sociedade planejada nos seus mínimos detalhes por um pequeno grupo que se acha superior e capaz de guiar a multidão. No entanto, não existe nenhum caso no mundo em que o coletivismo/socialismo tenha alcançado o sucesso. E o sucesso não acontece justamente porque os indivíduos são castrados em suas iniciativas. Cada ser humano é uma possibilidade de criatividade, é uma fábrica de ideias e de solução de problemas. Não importa a sua classe social nem onde vive. No entanto, em nome do socialismo e da falácia da justiça social, o indivíduo perde toda a sua autonomia na maior parte dos países, inclusive no Brasil.

A maioria das pessoas acha que não precisa se envolver com a política, que os políticos profissionais já estão cuidando de tudo para nós, que basta cuidar da sua própria vida, que o mundo vai continuar bacana para elas e que nada de ruim pode acontecer. Mas, há uma meia dúzia que se considera iluminado e que acha que pode conduzir com mais sucesso essa manada que pouco se envolve com a política. Essa meia dúzia que comanda, ou que luta para comandar, são os coletivistas espertos, são os que representam o governo intervencionista. E os coletivistas honestos são os que obedecem, o povão. Quando os coletivistas espertos querem beneficiar uma categoria de trabalhadores estatais, eles propõem um aumento de impostos praticamente insignificante para milhões de pessoas com o propósito de beneficiar apenas um grupo menor. Por isso que vemos, de vez em quando, as galerias dos parlamentos lotadas de manifestantes reivindicando aumentos de salários que serão bancados pela maioria da população, que não se dá ao trabalho de se manifestar contra, porque não vale a pena, porque o aumento da sua contribuição é de um valor insignificante. E a maioria da população nem fica sabendo dessas manifestações. São os benefícios concentrados em um pequeno grupo através do prejuízo distribuído em toda a população. Se o governo tirar um real de cada pessoa em um país de 200 milhões de habitantes, ele terá 200 milhões de reais. Então, quando o governo distribui esse valor para uma categoria de 50 mil pessoas, eles vão ter um ganho de quatro mil reais cada um. Ninguém vai fazer manifestação contra por causa de um real, mas para ganhar quatro mil reais já vale a pena, e as galerias dos parlamentos ficam cheias de gente gritando. Essas intervenções sempre são orquestradas pelos políticos da esquerda coletivista, que não entendem, não acreditam no Livre Mercado ou simplesmente fazem isso para ganhos políticos demagógicos. Com isso os coletivistas já conquistaram a simpatia desse pequeno grupo. Seguindo adiante, os coletivistas espertos vão providenciar benefícios para outros grupos. E assim, de grupos em grupos, os coletivistas/socialistas vão ganhando a simpatia de um número crescente de pessoas, enquanto a maioria da população, que paga toda essa conta, nem percebe. E a carga tributária, que era em torno de 20% algum tempo atrás, hoje é de quase 50%, graças aos coletivistas/socialistas. E as pessoas comuns que veem esses grupos de funcionários públicos recebendo altos salários, começam a acreditar que os coletivistas populistas têm o poder de melhorar a vida de toda a população, e os elegem na esperança de que um dia será sua vez. Mas isso só funciona quando milhões de pessoas contribuem para beneficiar poucas. É enganoso, é um truque. Não há como toda a população ser beneficiada por esse método. Por isso o coletivismo é um chamariz que leva à pobreza geral e à dependência do governo. E só os coletivistas do poder, os espertos, é que se dão bem, enquanto a população fica cada vez mais pobre.

Essa iniciativa individual empreendedora, característica inata dos seres humanos e tão amaldiçoada pelos seus críticos, os socialistas/coletivistas, que segundo eles só beneficiaria os "individualistas opressores", em detrimento de toda a população, na verdade beneficia a todos, indistintamente, nos casos em que prevalece sobre o autoritarismo estatal coletivista com preservação dos direitos individuais. O individualista empreendedor só tem uma forma de progredir honestamente: trabalhando, inovando, oferecendo o melhor de si com disciplina, ineditismo e trabalho árduo, criando riqueza tanto para si próprio e para os seus colaboradores, quanto para os seus consumidores. Em um sistema de Livre Mercado, ninguém é obrigado a trabalhar para alguém nem comprar nada de ninguém. Isso se chama liberdade. Esse falatório marxista de escravidão no capitalismo é pura enganação. Todos os que trabalham em torno de um empreendedor bem-sucedido se beneficiam do sucesso dele. Todos os seus consumidores escolhem o seu produto porque veem vantagem em adquiri-lo por livre e espontânea vontade. Esses indivíduos de sucesso, que podem surgir em qualquer classe social, desde que não haja proibição às suas iniciativas por parte dos coletivistas/socialistas/comunistas, são os agentes econômicos que comandam as movimentações das forças produtivas e inovadoras para satisfazer as necessidades dos consumidores que eles atendem. Tanto seus colaboradores saem ganhando em forma de salários, quanto seus clientes também se beneficiam com o desfrute dos seus produtos. Nós sabemos que o indivíduo de má conduta pode extrapolar a sua esfera de atuação e invadir o direito de outro indivíduo. Afinal, estamos tratando de seres humanos com todas as suas virtudes e todos os seus defeitos. Para resolver esse problema em uma sociedade civilizada existe a legislação que pune aqueles que invadem e agridem o direito de outro indivíduo com roubos, agressões pessoais, trapaças, golpes e assaltos. E a função principal do Estado, sob a ótica liberal, é proteger os direitos individuais à vida, à liberdade, à propriedade privada e garantir a execução dos contratos particulares. Quando o Estado não cumpre essas funções, como está ocorrendo agora no Brasil, é por iniciativa dos socialistas/coletivistas. Eles insistem que os bandidos são vítimas da sociedade e criam leis cada vez mais brandas e favoráveis aos que andam fora da lei. Estamos retornando à barbárie.

Para proteger os direitos individuais os libertários são norteados por um princípio muito interessante: o PNA (Princípio da Não Agressão), axioma ético libertário que não permite o **início** de uma agressão a outro indivíduo ou a sua propriedade, e caso ocorra, o indivíduo agredido tem o direito de responder à agressão com o mesmo grau de violência. Então, para fazer um julgamento sobre a atitude de um indivíduo em relação a outro, a pergunta sempre feita pelos libertários frente a um dilema é: "Tal atitude fere o PNA?" Assalto à mão armada, roubo, furto, corrupção, chantagem, invasão de propriedade, agressão física ou qualquer ação que venha a prejudicar um indivíduo ou a sua propriedade particular, por exemplo, definitivamente ferem o PNA. Essa regra pode ser aplicada em qualquer caso em que um indivíduo ou mais sejam prejudicados por outro indivíduo no convívio social. Caso a ação de um indivíduo cause qualquer prejuízo a outro, estará infringida a regra do PNA. Ou seja, em uma sociedade libertária, o indivíduo pode fazer tudo o que quiser desde que não agrida ou obrigue alguém sob ameaça ou com trapaça a fazer uma coisa que ele não queira. Há casos, aparentemente mais delicados, em que a regra do PNA também resolve. É o caso, por exemplo, de uma situação em que alguém faz um empreendimento industrial que gera externalidades negativas, como resíduos industriais tóxicos sendo despejados em um rio. Neste caso quem polui o rio está ferindo o PNA e deve ser punido porque terceiros serão prejudicados pela poluição do rio. Outro exemplo é quando um agricultor vai aplicar defensivos agrícolas em sua propriedade e o produto é carregado pelo vento para a propriedade do vizinho. Está claro que fere o PNA, porque defensivos agrícolas, assim como qualquer remédio, tem os seus efeitos colaterais. De acordo com os princípios libertários, esse caso também pode ser resolvido com a aplicação do PNA.

Observando a humanidade em retrospectiva, desde os tempos das cavernas, Idade Antiga, passando pela Idade Média ao surgimento do Iluminismo, Revolução Industrial e os tempos atuais, podemos dizer que a humanidade evoluiu muito, apesar dos faraós, dos imperadores, dos reis com sua concentração de poder, e dos estados nacionais autoritários com sua burocracia ou a sua busca pelo igualitarismo. No atual momento, o que mais tem impossibilitado uma vida melhor para os mais pobres é justamente a busca pelo igualitarismo. A nação que prioriza a igualdade de renda e o privilégio a alguns destrói o incentivo ao empreendedorismo, à meritocracia, sufoca a liberdade e impede a prosperidade econômica. A busca pelo igualitarismo coletivista aniquila o direito individual. Ainda que a humanidade tenha evoluído tanto, há muito o que percorrer, há muitos problemas a serem resolvidos, há muita falta de liberdade no mundo, há muitas privações, há muita pobreza. Neste mundo acelerado de hoje, em que as inovações tecnológicas vão se superando em um ritmo alucinante, a liberdade individual se torna ainda mais importante, porque políticas econômicas erradas levam um país ao desastre com muito mais velocidade. E qual é a perspectiva para a liberdade individual? No atual momento há um crescimento do coletivismo em todo o mundo. A liberdade individual está sob ataque. Nessa luta para manter e ampliar a liberdade individual há avanços e retrocessos no decorrer da História, mas em comparação aos tempos mais antigos, a liberdade avança em quase todos os lugares.

O liberalismo clássico admite a existência do Estado em segurança e justiça. O libertarianismo, que vai um pouco além do liberalismo porque sugere a eliminação do Estado e que é uma ideia interessante, embora pareça utópica, talvez pudesse ser debatida pra valer após a diminuição do Estado de forma gradual até o ponto ideal para o liberalismo, ficando apenas a justiça e a segurança nas mãos do Estado. Talvez o liberalismo possa ser a preparação do terreno para uma futura e gradual sociedade libertária avançada. Claro que todo esse caminho a ser percorrido deve ser pela demonstração e pelo convencimento. Qualquer outro método radical é violento e fere o seu próprio princípio, o PNA. Uma sociedade libertária ou mesmo liberal só seria possível com a maioria da população esclarecida e consciente de que o Estado é um mal. O Estado surgiu para substituir o sistema monárquico, onde os poderes estavam todos concentrados no Rei. O Rei criava as leis, executava e julgava. No Estado chamado de democrático, esse formato foi dividido entre os poderes Legislativo, Executivo e Judiciário. Foi uma tentativa de dividir o poder. E o Estado continua sendo um mal porque atrai as pessoas que querem o poder, e para conquistar o poder os políticos de má qualidade fazem todo tipo de promessa aos eleitores, mesmo promessas que eles sabem que não podem cumprir. Isso sempre ocorreu, está ocorrendo agora e mantendo a sociedade amarrada aquém da sua necessidade e da sua possibilidade. Deve-se levar em consideração também que os seres humanos não são todos éticos e morais. Há um percentual da população que é imoral, não tem ética, é criminosa. Há os bandidos comuns, assaltantes, ladrões, golpistas e há os bandidos ideológicos, aqueles que visam a roubar a nossa liberdade e o nosso direito à propriedade. E uma grande parte dessas pessoas do mal, geralmente de esquerda, fazem parte ou gravitam em torno do poder estatal. Se quisermos construir uma sociedade mais justa, é preciso diminuir o Estado, que é o hábitat do mal, para o menor tamanho possível.

 A doutrina individualista do liberalismo reconhece esse caminho de duas vias, ou seja, o indivíduo que deseja ter os seus direitos respeitados precisa, obrigatoriamente, respeitar os direitos dos demais. Por isso a doutrina individualista não tolera a expropriação de ninguém, nem permite o roubo, violento ou não. As trocas só podem ocorrer espontaneamente nos relacionamentos comerciais. No entanto, o individualista não é, necessariamente, um altruísta. Mas não há nada na doutrina individualista que o proíba de sê-lo.

E muitos, verdadeiramente, são altruístas. Mas, como é da natureza biológica da vida de qualquer espécie, ele pensa primeiro em si e nos seu círculo parentesco, e não há nada de errado nisso, porque as externalidades do individualismo que não ferem o PNA são positivas. Um exemplo de externalidade positiva do individualista é que, na sua especialidade, ele produz mais do que necessita para viver, então as sobras são intercambiadas com outros indivíduos que também têm sobras de outras coisas. É a tal superprodução capitalista condenada por Marx. O princípio biológico de qualquer forma de vida é buscar o melhor ambiente para si próprio. Até uma planta sai com seus galhos das sombras para alcançar os raios do sol. É o fenômeno do fototropismo. É uma lei da natureza que garante o seu crescimento e a sua sobrevivência individual.

O individualista, no sentido econômico, é um sujeito produtivo; ele não espera nada de ninguém de graça. Como vimos no princípio das trocas espontâneas, tudo o que ele produz agrega valor aos participantes do sistema. Nenhum indivíduo pode ser obrigado a sustentar outras pessoas. Isso é imoral e violento. Já o coletivista, que pretende ser um altruísta com recursos alheios, recorre à falácia da *justiça social*, apoiando, projetando e votando leis que permitem retirar, à força, a propriedade do individualista esforçado e produtivo, para entregar ao indivíduo improdutivo que aguarda sentado e ansioso pela *justiça social* em seu favor. A retribuição do coletivista honesto ao coletivista esperto é o voto. Esse voto é comprado pelo coletivista esperto de forma legal. A meta do individualista em um sistema liberal é produzir o máximo possível para si próprio, ficando aquilo que exceder ao seu consumo próprio para ser negociado nas trocas espontâneas no Livre Mercado. Um sistema onde a liberdade individual seja plenamente resguardada proporcionará o melhor resultado coletivo possível em benefício de toda a sociedade. É isso que, em algumas partes do mundo, não está sendo conseguido neste momento. Ainda que a liberdade tenha avançado bastante nos últimos séculos, o coletivismo estatal está reconquistando terreno, mesmo nos países mais capitalistas, principalmente na Europa. O coletivismo institucionalizado é a pandemia da sociedade atual. Alguns países que já estavam em um nível razoável de riqueza estão retrocedendo ao nível da miséria e do desemprego, como é o caso mais recente da Venezuela, e também da Argentina, que estava indo pelo mesmo caminho. Espero que Milei consiga reverter a situação da Argentina. O povo da Venezuela já está fugindo de lá à procura de comida. O estatismo coletivista destrói até aquilo que é essencial para a manutenção da vida: a produção de alimentos. Agora imagine o que é acessório ou *supérfluo*.

O mundo poderia progredir com mais velocidade, com uma melhor distribuição de renda e menos pobreza via Livre Mercado se os coletivistas não colocassem tantos obstáculos a dificultar o trabalho dos empreendedores individualistas. Num país intervencionista, como é o caso do Brasil, onde um juiz chega a receber do Estado a obscena quantia de **oitocentos mil reais de aposentadoria em um único mês** e onde há gente passando fome porque não consegue um emprego, é urgente a adoção do Livre Mercado. Essas distorções são causadas pelo Estado. Os maiores salários das maiores empresas da iniciativa privada ficam minguados perto dos salários da maioria dos funcionários públicos e das estatais, principalmente do Judiciário, onde reina um poderoso corporativismo coletivista, onde eles se autoconcedem salários e benesses obscenos e injustificáveis às custas da pobreza e do desemprego de milhões de pessoas. Quem produz as maiores desigualdades sociais não é o sistema individualista do capitalismo. É a intervenção do Estado coletivista que as produz.

> Em 2021, o desembargador **aposentado** Eurico Montenegro Júnior, do Tribunal de Justiça de Rondônia, teve o maior holerite entre todos os juízes brasileiros. Segundo o Conselho Nacional de Justiça, o magistrado recebeu R$ 3.162.766,00 ao longo do ano.[21]

---

[21] https://www.band.uol.com.br/bandnews-fm/noticias/juizes-chegam-a-receber-ate-r-800-mil-reais-em-um-unico-mes-em-2021-16478313

A quantia que esse juiz recebeu em um ano dá uma **aposentadoria** média mensal **de R$ 263.563,00**. Quando aquele desempregado que recebe um auxílio de 600 reais do governo vai ao supermercado e compra um frango por 10 reais, ele paga 26,8%, ou seja, R$ 2,68 de imposto. Sobre o restante da alimentação, ele vai pagar, em média, 20% de imposto; então, dos 600 reais que recebe, no mínimo R$ 120,00 vão retornar para os cofres do governo para ajudar a pagar o salário do desembargador. Serão necessários os impostos de **3.294 beneficiários desempregados** para pagar o salário mensal da aposentadoria de **"um" desembargador**. Está certo que esses cargos importantes devem receber bons salários, mas isso é um abuso e uma afronta aos que passam fome por falta de um emprego. E esses empregos não existem por causa da ação dos coletivistas igualitaristas espertos que habitam o topo da pirâmide social bem remunerada e sufocam as ações dos empreendedores individualistas. Que contradição!

Uma microempresa que fature seiscentos mil reais por ano, vai pagar em torno de R$ 43.140,00, ou seja, 7,19% de imposto. O faturamento médio das microempresas brasileiras gira em torno de R$ 333.600,00 por ano. Uma empresa desse porte vai pagar R$ 18.408,00 de impostos anuais. Serão necessárias **172 microempresas** iguais a essa para bancar o salário de apenas **"um" desembargador** desses. Mas eles são milhares de parasitas a sugar as microempresas, os trabalhadores, os desempregados e a sociedade como um todo. Em uma sociedade individualista, liberal ou libertária, baseada no Livre Mercado, não haveria semelhante disparidade.

Aquilo que o individualista consegue produzir além das suas necessidades pessoais, vai, ao fim e ao cabo, beneficiar outras pessoas que ele sequer conhece. E quando um ricaço sai para almoçar, ele almoça apenas **uma** vez, come apenas **uma** sobremesa, toma apenas **um** cafezinho, e quando toma um porre não bebe **20** garrafas de *whisky*, mas apenas **uma**, assim como qualquer pessoa. A sua riqueza não é consumida por ele próprio. Ele produz para os outros. Claro que talvez tenha mais de uma casa, mais de um carro, talvez um barco ou um avião, mas isso tudo representa um percentual muito pequeno diante daquilo tudo que ele administra. A maior parte da sua riqueza está nos seus empreendimentos na forma de indústrias, lojas, enfim, em negócios que estão mantendo os rendimentos e os empregos dos seus funcionários, e produtos aos seus clientes, os consumidores. Parece que os coletivistas imaginam que a riqueza de um rico está toda dentro de uma caixa forte sem produzir nada e pronta para ser redistribuída aos menos favorecidos, e que isso só não é feito porque não há vontade política, porque os ricos são muito *malvados* e os liberais individualistas muito *insensíveis*.

O individualista pensa: se eu não produzir eu não tenho. O coletivista pensa: não preciso produzir tanto assim, pois de qualquer maneira tudo será dividido igualitariamente e mesmo que eu não produza nada, ainda assim terei a minha parte garantida. Quando um individualista publica um livro elevando a liberdade individual, defendendo a propriedade privada, o Livre Mercado e o capitalismo não há grande apoio e divulgação, porque seus pares estão muito ocupados, como individualistas que são, com seus afazeres em suas empresas ou microempresas, e também porque não é um problema deles, pensam eles. Quando um coletivista publica seus livros, com dogmas marxistas, pregando o coletivismo e acusando a liberdade individual pelas mazelas do mundo, há grande divulgação pela mídia, já contaminada pelo coletivismo e por seus iguais, que têm grande interesse no sucesso dessa publicação a fim de angariar mais coletivistas. O ofício do coletivista é divulgar o coletivismo para ganhar mais adeptos e garantir os seus rendimentos futuros extraídos dos individualistas distraídos através dos impostos progressivos votados nas casas parlamentares já lotadas de coletivistas. É por isso que Marx é tão conhecido, incensado e comentado nos círculos da alta intelectualidade, e seu antípoda, Mises, é um ilustre desconhecido que não entra nas universidades. Já o trabalho do individualista é produzir o máximo possível, com a maior eficiência, a melhor qualidade e o mais barato possível, se não a concorrência ganha a corrida. Enquanto o individualista está focado em seu trabalho, na iniciativa privada, o coletivista está olhando o todo, o coletivo e bolando maneiras de extorqui-lo. Os coletivistas são os parasitas da sociedade.

Assim, apesar de todos os avanços verificados em todas as áreas da atuação humana, graças ao capitalismo, vários países pelo mundo estão caminhando, no atual momento, para um coletivismo cada vez mais forte, gerando cada vez mais desemprego, mais pobreza, mais falta de oportunidades até o ponto em que só os governantes poderão desfrutar de um nível de vida confortável, tal como ocorre nos países dominados pelo coletivismo total, ou seja, dominados pelo socialismo, que é a forma mais completa de coletivismo.

Não basta que você seja um cidadão honesto e zeloso com os seus compromissos, se preocupar unicamente com os seus negócios, com o seu emprego, com a sua vida, com o seu umbigo e desprezar a política.

> O castigo dos bons que não fazem política é serem governados pelos maus. (Platão)

Você precisa se preocupar com o que os outros estão fazendo para prejudicá-lo. Porque há pessoas cujo trabalho, com ares de bondade e legalidade, é espoliá-lo, roubá-lo e escravizá-lo. A política está presente em todos os aspectos da nossa vida. É uma luta do bem contra o mal. As pessoas de bem que se abstêm de participar estão permitindo que o mal vença. Olhando para a realidade dos fatos, não resta dúvida de que o individualismo liberal é o melhor meio para produzir a prosperidade da humanidade. A liberdade individual possibilita a que qualquer indivíduo, independente da sua classe social, crie alternativas para a solução dos problemas que vão surgindo nesta aventura humana na Terra. No entanto, não poderá haver uma sociedade individualista próspera, segura e em paz no Brasil e no mundo enquanto a maioria dos indivíduos não pensar, **coletivamente**, em se defender dos coletivistas. Eis o paradoxo.

REFERÊNCIAS

Obras que me inspiraram a escrever o presente livro.

BASTIAT, Frédéric. A Lei. São Paulo: Instituto Ludwig von Mises Brasil, 2010.

CONSTANTINO, Rodrigo. *Privatize Já*. São Paulo: Leya, 2012.

FARACO, Sérgio. *Lágrimas na chuva, Uma Aventura na URSS*. Porto Alegre: L&PM, 2011.

GIANTURCO, Adriano. *A Ciência da Política: Uma Introdução*. Rio de Janeiro: Forense, 2019.

HAYEK, Friedrich August von. *O caminho da servidão*. Rio de Janeiro: Instituto Liberal, 1990.

___. *Desemprego e política monetária*. São Paulo: Instituto Ludwig von Mises Brasil, 2011.

___. *Desestatização do dinheiro*. Rio de Janeiro: Instituto Liberal, 1986.

___. *Direito, legislação e liberdade*. São Paulo: Visão, 1985.

MARX, Karl & ENGELS, Friedrich. *Manifesto do Partido Comunista*, 1848. Porto Alegre: L&PM, 2001.

MARX, Karl. *O capital*. São Paulo: Nova Cultural, 1988.

MISES, Ludwig von. *As seis lições*. Rio de Janeiro: Instituto Liberal, 1989.

___. *A mentalidade anticapitalista*. Rio de Janeiro: José Olympio, 1987.

___. *Liberalismo segundo a tradição clássica*. Rio de Janeiro: José Olympio, 1987.

NARLOCH, Leandro & TEIXEIRA, Duda. *Guia Politicamente Incorreto da América Latina*. São Paulo: Leya, 2011.

ORWELL, George. *1984*. São Paulo: Companhia das Letras, 2009.

___. *A revolução dos bichos*. Rio de Janeiro: Folha de São Paulo, 2003.

PALMER, Tom G. *A moralidade do capitalismo*, E-BOOK, https://techdica.com/a-moralidade-do-capitalismo-tom-g-palmer/

PAZOS, Luis. *O reizinho populista*. Curitiba: Instituto Liberal do Paraná, 1989.

RAND, Ain. *A revolta de Atlas*. São Paulo: Arqueiro, 2017.

RIDLEY, Matt. *O otimista racional*. Rio de Janeiro: Record, 2021.

ROTHBARD, Murray N. *Esquerda e direita – perspectivas para a liberdade*. Rio de Janeiro: José Olympio, 1986.

___. *A anatomia do Estado*. São Paulo: Instituto Ludwig von Mises Brasil, 2012.

SANTOS, José Anselmo dos. Cabo Anselmo, *Minha verdade*. São Paulo: Matrix, 2015.

SCHOOLLAND, Ken. *As aventuras de Jonas o Ingênuo*. Porto Alegre: Concórdia, 2021.

SCHUETTINGER, Robert L. BUTLER, Eamonn F. *Quarenta séculos de controles de preços e salários*. São Paulo: Visão, 1988.

SIRICO, Robert A. *A economia das parábolas*. São Paulo: LVM, 2023.

SMITH, Adam. *A riqueza das nações*. São Paulo: Nova Cultural, 1988.

SORMAN, Guy. *O Estado mínimo*. Rio de Janeiro: Instituto Liberal, 1988.

THOMAS, Henry & THOMAS, Dana Lee. *Vidas de grandes cientistas*. Porto Alegre: Globo, 1965.

WEBER, Max. *A ética protestante e o espírito do capitalismo*. São Paulo: Martin Claret, 2001.